論語畫解

江逸子 著

世界知識 出版社

图书在版编目（CIP）数据

论语画解 / 江逸子 著．
—北京：世界知识出版社，2011.3（2024.1 重印）
（江逸子画集系列）
ISBN 978-7-5012-4034-0

Ⅰ.①论… Ⅱ.①江… Ⅲ.①儒家②论语—青少年读物
Ⅳ.① B222.2-49

中国版本图书馆 CIP 数据核字（2011）第 028657 号

责任编辑	薛　乾
责任出版	李　斌
书　　名	论语画解 Lunyu Huajie
作　　者	江逸子
本书策划	福建莆田南山广化寺
出版发行	世界知识出版社
地址邮编	北京市东城区干面胡同 51 号（100010）
网　　址	www.ishizhi.cn
经　　销	新华书店
印　　刷	艺堂印刷（天津）有限公司
开本印张	740×980 毫米 1/16 25.75 印张
字　　数	104 千字
版次印次	2011 年 6 月第一版 2024 年 1 月第七次印刷
标准书号	ISBN 978-7-5012-4034-0
定　　价	68.00 元

目录

缘起	1
序一/季羡林	2
序二/陈立夫	3
序三/孔德懋	4
序四/吴延环	5
序五/陈履安	6
序六/郭为藩	7
弁言	8

学而篇

学而时习之/画中联想	10
其为人也孝弟/随缘之美	14
贤贤易色/老胡	17
慎终追远/祭必诚	20
夫子至于是邦也/孔子造像	23
吾日三省吾身/吾爱吾师	26
君子不重则不威/君子自重	30
父在观其志/瘦劲庄严心	34
礼之用和为贵/和为贵	38
信近于义/诚字在握	42
贫而无谄/不亢不卑	46

为政篇

子游问孝/孝的感思	52
吾与回言终日/灵泉庵	56
视其所以/心胸气度	59
子贡问君子/讲话	62

目录

学而不思/台糖小火车　　　　　　　　66
人而无信/初谒雪公　　　　　　　　　69
为政以德/爱的教育　　　　　　　　　72
诗三百/言诗　　　　　　　　　　　　76
吾十有五而志于学/规划人生　　　　　80
孟懿子问孝/忆我母亲　　　　　　　　84
孟武伯问孝/洁身自爱　　　　　　　　88
知之为知之/读唐三彩的省思　　　　　92

八佾篇

定公问君使臣/上山下山　　　　　　　98
居上不宽/意气召悔　　　　　　　　　102
君子无所争/一场君子之争　　　　　　105
巧笑倩兮/"淡"之美　　　　　　　　108

里仁篇

里仁为美/慈有三伦　　　　　　　　　114
富与贵/谈钱　　　　　　　　　　　　117
我未见好仁者/忍辱　　　　　　　　　120
士志于道/安贫若素　　　　　　　　　123
事父母几谏/孝是真情　　　　　　　　127
古者言之不出/瑕不掩瑜　　　　　　　131

公冶长篇

道不行/法滋多贼　　　　　　　　　　136
吾未见刚者/卖画　　　　　　　　　　139
子谓子产/文化是人生的根本　　　　　142
伯夷叔齐/谦让是高贵盛德　　　　　　145

吾未见能见其过/古意 　　　　　　　　149
我不欲人之加诸我也/求缺 　　　　　　152
宰予昼寝/谈言行 　　　　　　　　　　155
子在陈/抉择 　　　　　　　　　　　　159

雍也篇

孟之反不伐/礼是艺术 　　　　　　　　164
贤哉回也/忆水月庵 　　　　　　　　　168
弟子孰为好学/海伯的话 　　　　　　　171
犁牛之子/功不唐捐 　　　　　　　　　175
质胜文则野/文与质 　　　　　　　　　179
中人以上/专一恒固 　　　　　　　　　183
齐一变至于鲁/老干开花 　　　　　　　187

述而篇

志于道/椰树与木樨 　　　　　　　　　192
不愤不启/循循善诱 　　　　　　　　　195
叶公问孔子/捷径 　　　　　　　　　　198
三人行/记张大千先生之风仪 　　　　　201
若圣与仁/清净琉璃 　　　　　　　　　204
君子坦荡荡/画水感思 　　　　　　　　207
述而不作/述而不作 　　　　　　　　　210
德之不修/惨痛教育 　　　　　　　　　214
用之则行/归零 　　　　　　　　　　　218
饭疏食饮水/孤云倦鸟 　　　　　　　　221
我非生而知之者/盘玉温新 　　　　　　225
子不语/谈迷信 　　　　　　　　　　　229

圣人吾不得而见之矣/忆雪公的两句话 233
子疾病/觉者 237
甚矣吾衰也/槁木孤禽 241

泰伯篇
兴于诗/如沐春风 246
笃信好学/弱冠赐字 250
士不可以不弘毅/游于艺 253
好勇疾贫/命运与果报 257
三年学/学贵有养 260
学如不及/谈座右铭 264

子罕篇
有美玉于斯/知命 270
子在川上/古今缘 274
吾未见好德如好色者/修养 278
衣敝缊袍/废桌的启示 281
出则事公卿/选贤与能 284
法语之言/格言润身 288
三军可夺帅也/民志邦本 292
唐棣之华/赏梅记 296
岁寒后凋/一笔三十年 300

先进篇
季路问事鬼神/礼在于敬 304
由之瑟/取法乎上 307

颜渊篇
颜渊问仁/安心 312

齐景公问政/屠羊说的故事 315
樊迟问仁/举反之间 319
君子以文会友/谈朋友 322

子路篇
乡人皆好/赞与叹 326
诵诗三百/敦煌传奇 329
善人为邦百年/国际残障日 333

宪问篇
骥不称其力/骏骨 338
莫我知也夫/一盏宫灯的故事 341
子路问君子/无争不比 344
古之学者为己/谈脱俗 347
阙党童子将命/生命与际遇 351

卫灵公篇
可与言/新靴的故事 356
躬自厚/反身以诚 359
君子不可小知/橄榄树下的思维 363
众恶之必察焉/无垢轩 367

季氏篇
见善如不及/行善 374

阳货篇
道听而涂说/蜂窝事件 378
性相近也/谈习惯 381
予欲无言/如是一时 385

目录

大学篇
苟日新/法器　　　　　　　　　　　　　　　390

中庸篇
天下国家可均也/缺陷美　　　　　　　　　394
圯下授书图/江逸子　　　　　　　　　　　397
跋文/许政雄　　　　　　　　　　　　　　398
编后语/尤宗周　　　　　　　　　　　　　403

缘起

　　《论语》这部书，是孔子学术思想的宝典，也是他立身行教的具体表现。两千多年来，中华民族的思想行为深受这部书的影响。《论语》成为我们中国人安身立命的指导原则，其内容讲仁爱、重伦理、行忠恕、守礼义，而奠立我们民族文化的核心。人能具体实践，就可成为光明坦荡、顶天立地的具有中华文化特质的中国人，创造俯仰无愧的人生。可惜近百年来受了西方文化的冲击，国人大都积极追求物质文明的进步与享受，而忽略了我们固有精神文明的维护与发扬，以致把这部能够端正人心、充实生命、安定社会的文化瑰宝，弃置而不顾，因致今日社会的乱象丛出，人心腐迷。同仁等为了善尽文化报国的初衷，爰将这部精神文明的宝典，作普遍的推广与宣扬。为求社会大众易于接受，借以引发"起而行之"的志趣，特请国画家江逸子先生，运用他温婉秀雅的笔墨，就其对《论语》各章参悟之心得，绘成精致的画面，并附以浅易文字的说明，希望社会大众能爱于展读，便于领悟，进而身体力行，使社会风气能因此而导正其趋向。这就是印行这本《论语画解》的心愿了。

大成至圣先师奉祀官府　　
雪心文教基金会　　同启

序一

江逸子居士儒释兼通，书画同擅，所绘《孔子圣迹图》暨《论语画解》，蜚声士林，腾誉中外。心仪其人，久矣。羡林学殖瘠薄，于儒学及绘事，皆非内行里手，唯弘扬中华文化，不敢后人。窃以为际兹世纪之末，四海板荡，五洲震激，天灾人祸，纷至沓来。究其原因，虽云多端；察其实际，实至显明。昔太史公言"究天人之际"，天人之际，实为人类处世必不可不注意之关键。西方文明光明焜耀，垂数百年，为普天下黎元造福至巨，此盖世人所承认者，不能予以否定也。然而，时至今日，东西少数有识之士，怵然忧之。环境污染，物种灭绝，生态平衡破坏，臭氧层洞出，新疾病产生，世界人口爆炸，如此等等，不一而足，凡此皆西方文明所造之恶果。此亦世人所公认者，不能予以否定也。如无法抑此孽果，别求良方，则人类生存前途，实处危难之中，此不得不大声疾呼者也。拯救之道何在？曰唯有弘扬东方文化而已。天人之际，西方主对抗，所谓"征服自然"者即是也。而东方则主祥和。东方文化之砥柱实为儒学。孔子学说以仁为主。"仁者爱人"金声玉振。"礼之用，和为贵，先王之道斯为美。"至张横渠，则概括为"民吾同胞，物吾与也"。天人合一之说，大张于世矣。今欲拯救人类世界，此实金丹妙药。东西哲人多同意此说，咸谓二十一世东方以儒学为中心之学说，必将辉耀世界，人类前途希望之所在，非此莫属也。今江逸子居士《论语画解》将问世，弘扬东方文化，厥功至伟。故不揣谫陋，乐为之序。

季羡林于北京大学
一九九五年八月七日

序二

　　我国绘画艺术，无论山水、花卉或人物，除赏心悦目、发抒情思外，尚具教化人心、涵冶情操的意义和功能。尤其工笔人物书，配以忠、孝、节、义故事，令人辄兴思古幽情，而达"成教化"、"助人伦"的功效，所谓"文以载道，艺以弘德"，其理在此。

　　当代知名画家江逸子先生，以其深厚的绘画造诣，与对世道人心的关怀，立千秋大志，作成《论语画解》，冀以绘艺，为《论语》事迹，及德配天地者，写事功，绘故事，而达"克己复礼，博施济众"之功，洵千载难逢之大事也！兹乐以数语，以庆其成。

陈立夫
一九九四夏初

序三

台湾著名画家江逸子先生，去年绘画了《孔子圣迹图》，今年又妙笔丹青绘《论语》，花甲之年，尊崇先师孔子之情，辛勤耕耘播雨之意，真乃可敬可赞也。

一九八九年全世界诺贝尔奖得主聚会巴黎时，得出惊人结论："人类如果要在二十一世纪生存下去，必须回头两千五百年，去吸取孔子的智慧。"

《论语》一书，主要记录了伟大思想家、教育家、政治家孔子的言论，集孔子思想之大成，儒家学术之精髓，举世闻名，历经两千五百年而不衰，足见真理永存。

孔子思想核心是"仁"，仁者爱人。《论语》中讲"己欲立而立人，己欲达而达人"、"己所不欲，勿施于人"，是当今世界所追求的人权、人道主义精神的先导；"有教无类"是普及民众教育、教育富国之启蒙。《论语》中许多语句家喻户晓，已成世人座右铭。

《论语》是中华民族文化之瑰宝，是治国安邦、民正风清的指南，是使世界充满光明、进步，走向二十一世纪的灯塔。

著名画家江逸子先生发愤忘食，乐以忘忧，不知老之将至，半年时间绘出《论语画解》，笔法细腻，形象生动，图文并茂，一定能起到普及《论语》，弘扬先师孔子学说的效果。

"士不可以不弘毅，任重而道远，仁以为己任。"一灯照隅，万灯照国。衷心祝贺《论语画解》出版发行。

孔德懋
一九九四年七月八日

序四

　　基督教新旧约二书原文是希伯来文，嗣先后译作希腊文、拉丁文，又陆续译为各国国语及地方方言，截至一九九一年底，译本已达一千九百四十六种。我们的《论语》，虽历经二千四百余年，则仍用原文。因其文辞简朴，隐约难解，为求养蒙养正，斯文普及，笔者曾用流畅国语，译著《国语论语》。西谚有言："一图胜千言。"在译著当时，常感如在译文之后附以图片，定当事半功倍，也曾找人试绘，但当意者少。

　　兹接大成至圣先师奉祀官府管理主任江锦祥逸子先生大著《论语画解》一册，命为写序，详阅之余，大喜过望！因其所绘各图，无不切合题意，对照经文，使人更明原旨，尤其出笔文雅，毫无匠气，如大量印行，必将普遍发扬圣道，嘉惠世人！故乐为之序。

吴延环
一九九五秋仲

儒家学说，向为中华文化重心，《论语》又为儒学精华，宋赵普尝有"半部论语治天下"之说。即因儒学以仁为本，以礼为先，而以"格致诚正、修齐治平"为立身处世行事之道。人若躬行，则必气度恢宏；国能实践，尤可致祥和而受尊重。

当前经济发展，业已创造物质丰饶富裕之生活，其相随而至者，社会奢靡，功利盛行，脱法脱序，日甚一日，传统文化失调，伦理道德浇薄，诚令人忧患忧心，亟待各方齐发宏愿，共谋匡正，以济时艰！

近有闽侯才俊江逸子先生，幼习丹青，潜心研摩，为时数十载，且供职大成至圣先师奉祀官府有年，昔曾受业名师，兼修佛学，具善慧而有悲心，素抱以艺弘道理想，先从儒家人伦着笔，以四维八德为尚，广弘教化，先后精绘《明伦史画册》、《孔子圣迹图》等辑，印行以来，颇获佳誉。而《论语画解》，因图显义，兼以生活小品浅白文字解说，尤为引人入胜，老少咸宜。即将付梓，江君索文于余，道友意诚，乐为之序。

陈履安
一九九五秋

儒家学说乃中华民族文化之重心，《论语》系儒家学说之代表，儒学之精义，可具体指引人生遵循之理路，所以《论语》自古以来为国人必读之经典。

近世我国社会受西方文化之冲击，对物质文明努力追求，而对固有文化之典籍却相对忽略，以致人生价值观偏曲，影响社会风气颇巨。

兹有大成至圣先师奉祀官府暨财团法人雪心文教基金会、佛陀教育基金会，发心将《论语》一书，以图画说明方式，作普遍宣导。冀求广为流通，易于领会，以启国人对儒家精神宝典研读之兴趣，进而躬行实践，建设富而好礼的社会。绘图者江逸子先生，乃近代国画名家，本着"以艺弘道"之素志，用含蓄雅丽之笔墨，充分表现他对《论语》一书心领神会之意境，并附以简明平易之散文小品，道出作画时之弦外之音，生动活泼，耐人寻味，尤足供读者借以参悟人生之道理，实属难能可贵。

为唤起民众爱惜生命、尊重生命、关怀生命，落实人文精神，促进生命圆融、社会和谐，特于一九九四年策划推展"生命关怀"活动，适与此阐释儒家基本精神之《论语画解》之印行推广，可收相辅相成之效，故特为之序，愿国人共成之。

郭为藩
一九九四年五月

弁言

纵观今日的世道人心，金钱至上，一切以利己为取向。为改善这种现实的苦况，谋求救世的南针，追思往古，儒家的道理，对于导引人心，端正世风，仍可谓之最为适切有效的方剂。从人心而论，它的表现，皆在于具体的思想言行。就在这心理动念之间，都能约之以礼，所表现的就是善，就是合理，就是为人应有的作为。如果悖礼妄为，所表现的就是恶，就是背理犯义，就是禽兽的行为。儒家孔孟学说中，对于人心的导正，就是鉴于人的心念飘忽不定，如不加以约束，必然肆行无忌，制造事端，所以要求事事"克己复礼"，时时"收其放心"。这样在言谈的表现上，必能具体充实，言而有信；举止动作之间，必能端庄安详，中规中矩；在仪容态度上，必是雍容大方，舒泰祥和；对人对事更能尽其仁爱之心，行其道义之事。社会上如果人人都能这样，那么人世间必能互利共助，至和至平，这又是多么理想的境界呢！

画家江逸子先生，为了将此人生理想境界普遍传达社会各角落，平日就苦心思索，将孔子一生言行，仔细揣摩体会。他利用对国画深致的造诣，将《论语》中的嘉言至论，描绘出具体的形象。并将其作画中的心灵感受，借简短的文字，辅导读者去寻绎内中的奥秘。期能心领神会，激发"舜何人耶？予何人耶？有为者，亦若是"的志气。希望人人都能仰慕圣人之道，惕励奋起，积极效法，力行实践孔孟之道。如此我们的社会人心才有希望，国家才有光明坦荡的前途，缔造安和利乐的社会，也就为期不远了。

大成至圣先师奉祀官府　敬启

学而篇
xue er pian

学而时习之

原文

　　子曰:"学而时习之,不亦说乎?有朋自远方来,不亦乐乎?人不知而不愠,不亦君子乎?"

——《学而》

意译

　　学习是为了充实自身在社会生活的知识,也是储备将来应世的能力。其内容包涵了内在的知识与外在行为的规范,也就是学习做人的道理。而这种学习,不只是学,更要时常温习,求其熟练。所谓熟能生巧,才能发挥它的效用,这是人最感到喜悦的事。自己学习有成就了,如能获得别人的向慕,而来切磋求教,当然更会为了辛苦有成而乐在心里。假如自己学虽有所成就,而无机缘贡献人群,更不能为人知晓,也不必有所含怨,因为学习原是为了修养自己的啊!如此也就是君子的胸襟了。

画中联想

有人问我:"前年所画的《孔子圣迹图》为何而画?"我说:"不为何而画。"又问:"今年《论语画解》为谁而作?"答:"不为谁而作。"他说我"莫名其妙",也就算是莫名其妙好了。

人若一辈子读书做学问,只为了某种特定目的,或为了本身利益才肯下手,可能会做得很辛苦,也很疲惫。有了辛苦和疲惫,凡事不管有无意义,就会计较代价,并起患得患失的心。以这样的心情做事,怎能称心,又怎能合乎自然呢?

人生的意义,是由不同的知识经验累积而来的,产生出不同的生活形态与思想观念。如果在经验中,能时时吸收,加以审慎省思,使自己身心态度健康,于人际之间得到和悦共鸣,就能呈现出生命"莫名"的乐趣,从自得其乐中去做学问,自然就减少许多无谓的纷争了。

画《论语》,而读《论语》,是一件快乐的享受。近日于温习之间,偶然得到一些有趣的发现,譬如《论语》中一些辞意,深奥难懂,或想借许多注疏来排除疑难,孰知有越看越不解的现象,而有的比原文更难懂,反不如直截了当,将原文背熟,时而回味,更能有所体悟。这比起"二手传播"可来得经济实惠。

《论语》入画,本来就是不聪明的举动,因为每一章句都是表达孔子精湛的思想,不似圣迹图有故事可作素材。况且处处都显着"书不尽言、言不尽意"的感觉,又怎能以凡情测度来描绘呢?故而,只能以意下的抽象,来追寻意上的表达,过程中必然不尽切题,只是为了达到欣赏之余有参读的效果罢了,它虽不是红花,却企盼能有绿叶的作用。

二十世纪,有人说是中国文化的黑暗期。也许从表面来看,颇有几分现象,在强烈的西方文明冲击洗涤下,所形成的只有支离和迷惘；但从另一角度来探讨，五千年文化大道上，难免堆积着不合时宜的"违建物"，使其不能畅通无阻，若能借此冲击洗涤后，加以省思重整，排除滞障，理出大道的本源，未尝不是件好事。

《论语》一书，是塑建完美人格的指针，也是修身、齐家、治国、平天下的蓝图。它不限于被少数人作为学术来欣赏。它是全民的智慧财产，我们有权开发，有权维护，绝不可再让外人盗用改装后来反制国人，损我自尊，陷我于不肖，那才是真正的黑暗期了。

論語畫解

有子曰其為人也孝弟而好犯上者鮮矣不好犯上而好作亂者未之有也君子務本本立而道生孝弟也者其為仁之本與　學而章

古閩江逸子

其为人也孝弟

原文

有子曰:"其为人也孝弟,而好犯上者,鲜矣;不好犯上,而好作乱者,未之有也。君子务本,本立而道生。孝弟也者,其为仁之本与!"

——《学而》

意译

孝是事奉父母,弟(通悌)是尊敬长上,而这种德行,是以仁心爱意为出发点。在家庭生活中,培养成了习惯,将来到了社会上,就很少会有冒犯上级而违法作乱的了。所以孝弟是人生的根本。君子的修道励行,就从此根本上去努力。此根本确立了,君子的道德规范就形成了。

随缘之美

有人说自己"学不能致用",因而苦恼,以为是件憾事。其实致用与否,端在你"认识环境,调整身心"而已。

譬如说,我是个画家,即使一帆风顺,登上了"当代大师"的宝座,桃李三千,门庭若市,高朋满座,杯盘狼藉,可能我就没法子静下心来画幅适意的作品,也没时间偷闲来静坐省思了。因为正如俗话所说,"人在江湖身不由己"啊!

多年来不少关心我的朋友,有的说我"太保守",有的说我"怀才不遇",更有干脆责我"不思上进"的。我也很感激这些朋友的好意,但他们又怎知我心境的舒适呢?岂知"万人如海一身藏"比起"千夫所视万民指"来得自由多了。

闲下来教我可爱的学生,彼此可以增长学问;读我喜欢读的书,可以结交古今中外的良朋益友;画幅我喜欢画的画,可以经营心灵的净境。或邀两三至友"闲看浮云静看山"逍遥一番,不愁画中良朋与我争,不愁心中净境被污染,不是很快乐吗?为何要有"当今天下,舍我其谁"的"雄心"呢?我虽无安邦定国的良策,却有安定人心的作用。也许这观念未尽正确,然人各有志,不过这是个人的心志趋向。至于进退,但求淡然随缘罢了。

学而篇·贤贤易色

子夏曰：贤贤易色，事父母能竭其力，事君能致其身，与朋友交言而有信，虽曰未学，吾必谓之学矣。学而章

江逸子

贤贤易色

原文

　　子夏曰："贤贤易色；事父母，能竭其力；事君，能致其身；与朋友交，言而有信。虽曰未学，吾必谓之学矣。"

——《学而》

意译

　　子夏是孔子的得意弟子之一，姓卜，名商，子夏是他的字，擅长文学，对诗的学习很有成就。他认为人的学习，应注重伦理道德的实践。见了贤德的人，就马上把崇敬的心态表现在神色之间。奉养父母能竭尽自己的心力。事奉君上（现在可谓效忠国家）能够尽心尽力，牺牲奉献。和朋友交往，能够讲话严守信用。这种人纵然没有学过什么，也可认为他是学而有得的人。

老胡

巷子口卖小笼包的老胡，人家都管他叫"胡驼子"，因为他的背有些驼。从他开业，到结束营业，足足有四十年，每年固定放假两星期：除夕前一天开始到年初五，清明一天，端午、中秋各三天。老胡的小笼包有其特色：皮薄、馅美而汁多，又不大咸，吃时还配一些嫩姜丝，真是清新可口。他夫人的馄饨汤也是一绝，每天有固定的数量，而来满足客人的胃口。

老胡平时不多话，为人幽默诚恳，两夫妻膝下有二男三女。大女儿很早就嫁给一个华商，在日本经营贸易；二女儿嫁到桃园当教师；老三是男孩，在美国读完物理硕士与宜兰望族千金恋爱结婚，在台湾中部某大学任教；四男在基隆某海运公司上班；老五还在日本读商业设计。这群子女都是由老胡用一个个小笼包堆积培养起来的。

记得一次，老胡气病了，原因是大媳妇言语不当，说老胡"不识字，又没出息，所以卖小笼包"，伤到了老胡的心。结果全家的子女，都忙回来安抚老人家，老胡才生气地说："俺不识字，可是懂得做人的道理；俺没出息，可是会栽培有出息的子女；俺卖小笼包，个个货真价实，里外一致。俺对得起自己，也对得起客人，有啥不对呢？"说着说着，又生起气来。惊动了家住宜兰的老亲家夫妇，专程南来赔不是，连说管教女儿无方，请求原谅。老胡见面三分情，媳妇也认错了，依然是个好媳妇，家庭气氛又和乐融融了。留亲家吃了饭，临走还送了一大包小笼包，也外带嫩姜配料。

现在老胡夫妇快八十岁了，"退休"在家，种种花，散散步，偶尔也回山东看看少年的玩伴。老胡虽没很高的知识，却有完美的人格。

慎终追远

原文

曾子曰:"慎终,追远,民德归厚矣。"

——《学而》

意译

人生不重根本,就像水面浮萍,随波逐流,也像地面蓬草,随风飘散。如要重视根本,就要从"慎终追远"做起。慎终是对先人,丧葬要循礼尽哀,谨慎办理;追远是对上代祖先,祭祀追念,要诚心敬意。这样人人都能追本溯源,知恩报本,人心自然就笃实淳厚了。

祭必诚

每年除夕，全家孩子都聚在一块儿，祭祖、吃年夜饭。祭祖，必定行三跪九叩大礼，这是咱家的规矩，孩子们也习以为常，不以为忤。读大学的老三，问起"为何国人重视祭祀"。这是很有意思的问题，据我所知有限的见解，乐意做番陈述。

中国人首重根本，因而衍生出深远的祭祀文化。祭祀以往不限于清明、中秋或除夕而已，每逢家有喜庆，例如中举、高升、喜事等，都要祭祖告慰。

我国古人的观念，认为宇宙万有不离阴阳互动感应所生，因此相信生和死只是形而下的存在与消失，至于形而上的生命并没因死而结束，仍然继续存在于阴阳互动之中。就好像太极分出两仪（阴、阳），两仪又分四象（太阴、太阳、少阴、少阳），永无歇止地互动，自然形成宇宙现象的生生灭灭。绝不是谁在创造，谁是终结者。不管如何变化生灭，都离不开阴阳互动法则。

所以祭祀是一种感通阴阳的方法。为思念感恩先人的德泽，将子孙的丰功伟业、种种事功告慰先人，祈求加被而绵延。因此祭必诚心，诚必召感，阴阳感应，雨顺风调，自然社会风气就敦厚了。

假若一个人所作所为是作奸犯科、走私乱法、贩毒诈欺等罪大恶极、丧尽天良的行为，不知要用什么来告慰祖先呢？不但祖上蒙丧德败行的羞辱，亦陷后代子孙于无处安身的境地。

因此中国历朝历代一旦靖定天下，首先要立宗庙，如期祭祀。大典由帝王亲临行礼，从省思、感恩到告慰列祖列宗，不敢轻慢。诚敬宗庙，就是敬爱民族百姓的行为，所以说"祭必诚"，道理在这里。

父子代沟是必然现象，而疏通沟渠不令滞塞之道，端在于诚意，诚必感通，上下就自然敦伦和睦了。

学而篇·夫子至于是邦也

子禽问于子贡曰夫子至于是邦也必闻其政求之与抑与之与子贡曰夫子温良恭俭让以得之夫子之求之也其诸异乎人之求之与

夫子至于是邦也

原文

　　子禽问于子贡曰："夫子至于是邦也，必闻其政，求之与？抑与之与？"子贡曰："夫子温、良、恭、俭、让以得之。夫子之求之也，其诸异乎人之求之与？"

——《学而》

意译

　　孔子周游列国，虽不能获得重用而行其抱负，但所到之处，不论国君及大臣对孔子大都非常尊敬，也都愿意把自己国家的政治问题向孔子说明，并请教他的意见。孔子所以能得到各国君臣这样的尊敬与信任，皆是由于孔子平日生活中充分表现了温和的言辞、善良的习性、谦恭的态度、节俭的生活、礼让的举止等多种德性的表现，而使人自动愿意来接近他，并向他请教。

孔子造像

绘制《孔子圣迹图》时，第一个念头就是有关孔子造像的问题。过去坊间流传有晋代顾恺之与唐代吴道子两种版本，虽然后人也有更多的形式出现，但依然离不开这两种款式。就以这两种版本来说，个人觉得吴道子本比顾恺之本好得多了。雄健的线条，明朗的造型，是吴道子出神入化诠释的本事，顾恺之的传本就不具有顾虎头应有的精神，由此可见，顾本的真实性就值得商榷了。

到底孔子德相如何，谁也没有见过，相信顾、吴也不曾见过，自然就不能在"形而上"来捕捉了，因此得从他的门徒传述中的精神学养作"形而下"的揣摩想象。《学而篇》曾描述孔子是"温、良、恭、俭、让以得之"。子贡已经打好了草稿，给了我们绘制夫子轮廓的依据。孔子是圣人，与一般伟人有所不同，圣人是以自然来配德，伟人是以事业来显赫，故而在创作过程中有所不同。

孔子是位"温和慈祥"、"善良德性"，又"恭敬严谨"、"自奉节俭"的圣人，凡事"谦让有礼"而合乎理性，由此已烘托出孔子的性格、风度及修养。从这三方面并参考当时风俗环境、发生故事等，我用了两年多的时间，以现代美学观念，施用传统笔墨来完成它。虽然不是什么了不起的大作，但从绘制过程中，多少领悟了自己民族文化的博大精深处，更学习到许多对事待人的看法与修养。

一本好书，不去读得不到好处；一件事，不去做不能得到圆满的道理。鉴古思今，或由今视昔，从无穷的经验中摄取学问。其实做一个仁人君子并不难，孔子说在"一日克己复礼"而已。这要如何去推行呢？先由自己做起，一日复一日持之以恒罢了。这是件极平凡极自然的事，人人做到，蔚然成风，"天下归仁"矣。

圣人以自然为恒念，德行在践及履及；伟人以事功为志业，在于力争上游而已。调和自然，毕竟与征服自然有不同的文化意义，因此我画孔子以平凡自然为师。

曾子曰吾日三省吾身
为人谋而不忠乎与朋友
交而不信乎传不习乎
学而篇 江逸子

吾日三省吾身

原文

曾子曰:"吾日三省吾身——为人谋而不忠乎?与朋友交而不信乎?传不习乎?"

——《学而》

意译

曾子名参,是孔子的学生,极重孝道,把孔子的圣道传授给孔子的孙子子思(孔伋),后世尊称为宗圣。曾子说:"我每天自我反省三件事情:一是替人筹谋的事,是不是忠实地尽到了自己的心力?二是和朋友交往,有没有不诚信的地方?三是师长所传授我的学业,可曾用心研习过?"

吾爱吾师

今年三月，正值敬爱的恩师雪公李老夫子逝世十周年，同门师友纷纷发起追思悼念事宜，其意义深远，且情挚意厚，令人感动而肃然起敬。澹宁斋一如往昔，除了追荐之余，或绘幅恩师的道影，或写条法偈分赠有缘。然今年较为特别，乞来陶泥一丸，恭塑一躯夫子燕居道范：一袭长袍，趺坐于磐岩顶端，双掌叠叉，抚抱于足膝之上，似乎正在低咏着《梁父吟》，一副安然自在、超脱飘逸的神情，为夫子生前所习惯的仪态。由于未谙雕塑技法，只凭一片真诚，借助于绘画的观念及技巧来塑造。塑成之时，许多师友前来瞻仰，或赞叹或评议，心中觉得几分温暖。但拙荆与犬子观之，便直呼"太老师"尊称，总不由得使我双泪夺眶而出。

夫子尝诲曰："治事不难，治心难；待人容易，真诚难。"近三十年的濡沐春风，不知上过多少堂课，不知听过多少发人深省的启蒙养正嘉言，唯怨自己生性鲁拙，未成灵敏之慧悟，感到十分愧怅。但老人家对我一生之志业，却有着无限的启示及深远的影响。

的确，一个不具反省能力的人，其所作所为，多由妄想主导一切，一直沉陷在颠倒烦恼挣扎之中，不曾为自己一生真诚服务过，实是可悲。今之世局人心，处处标榜存在的理想、现实的观念，酿成人心相争相比，跋扈自私的心态，使原有温煦和善的社会结构，因之松动；尊贵人文道德的观念，因之瓦解。读书人起不了进德修睦之心，浸溺于功名利禄谋略之术，竟日追逐富贵权势，唯以满足于恣情纵欲为能事。纷纷扰扰，不可终日；虞虞诈诈，冷酷无情。在此废经史、弃伦常的气焰下，几曾念起"学问为济世之本"的初衷呢？想及于此，不禁浩叹，而感忧心忡忡。

艺术之用，固然在美化人生，除供人欣赏怡情悦性之余，其可贵在于内蕴的张力，反映出时代的现象，以及作者的心迹与思想。所以自古以来许多画家能广受敬重，则在于"其笔若经史"，呈现出满纸浩然气节所致。我之何幸，既得从事笔耕，且获良师启示，奖我掖我，导我匡我，理当忠于所学，勤于所事，实践所思，方不负气禀与教诲也。此时此境，于狂飙洪峰之长夜，一盏寒灯虽起不了多大作用，但深信"德不孤，必有邻"，秉怀着疾风劲草的韧志，把持住几分民族尊严，并依恃着这盏不息的孤灯，坚持下去，相信终有传灯者来呼应。

　　《论语画解》首辑的印行，承蒙雪心文教基金会及王刘乃明等诸大德发心资助，得以大量流通。并承大成至圣先师奉祀官府全体同仁不遗余力宣导与推广，果然立竿见影，普获海内外热心人士的共鸣。自知才疏学浅，未擅文采，实为野人献曝之举，并无可观之处。但想起恩师说过，"凡事真诚，尽心尽力就是好事"，不免觉得几分安慰。时值第二辑脱稿之际，适逢夫子逝世十周年纪念，谨以"拾落花以荐佛"之虔怀，来回向我敬爱的师尊。

論語畫解

子曰君子不重則不威
學則不固主忠信無友
不如己者過則勿憚改
鄭汴陽兒甫圖應之

君子不重则不威

原文

子曰:"君子不重,则不威;学则不固。主忠信。无友不如己者。过,则勿惮改。"

——《学而》

意译

孔子说:"一个君子的表现,如果不能沉稳庄重,就没有威严,所学的也就不会坚实牢固。人的待人接物,一定要忠诚信实,不要认为你的朋友不如自己。如果自己有了过失,一定要立即改过,不可畏难。"

君子自重

在奉祀官府服务没几年,某日突奉长官孔上公派令,要我担任本府管理处主任,职掌人事、文献以及推行社会教育等工作。对毫无行政经验的我来说,受此重托,心中甚感局促与惶恐。于是在一次洽公之便,请示上公:"要如何执行管理,方不负职守?"上公说:"先管理好自己。"又问:"或恐不能胜任!"答:"只须尊重自己及职务,必能胜任。"

浅浅的二问二答,给我深深的受用,为我指示了人生的方向。待人处世之道,就是建立在互相尊重上。人唯自爱方能爱人,懂得尊重自己,才有资格令人尊重。要做到尊重自己,须时时反省,改正自己的缺点,捐弃成见,起同情心,事事怀着谅恕与感恩的心待人,这就是修养的开始。

一般人由于太重感情,要彻底做到无私,的确不易。譬如说,我年轻时,曾参加过某美术协会。作为会员,每年都有一次年度联展,借此机会可以互相切磋印证以求进步。这原是件很美的事,但是往往在布置会员作品时颇费周章,同时也令负责人伤透脑筋。记得有次展览开幕时,竟起了一场轩然大波。一位资深会员在会场大发雷霆,指着负责布置的同仁说:"是谁将我的作品挂在这儿?角度不对,光线不好,一点气氛也没有。你们懂不懂这对我本人及作品是严重的伤害?再者,将我的作品跟旁边这些不入流的画家摆在一起,对我的人格及作品更是莫大的侮辱,真是岂有此理……"他又咆哮又喧哗地指责了好一阵,成了会场的焦点人物,也为开幕式制造了高潮。

听说这种情况在艺坛屡见不鲜。也许是作者自视太高,或是借题发挥希望引起旁人对他的注意,显示他是大牌、大师,不管如何,最终的目的,是要人对他尊重。殊不知"尊重"二字不是争来的。不知尊重自己的人，必然反映在作品上。古人曾说"人品不高，则画品也不高"，不是没有道理的。自抬身价或盛气凌人，显得只是无知、无品，大师有大师的气度，不能容人岂足为"大"，不能施人何以言"师"。好的作品是从历练与修养中得来的，美的事物不一定要迎合世俗。好的作品不论挂在哪里，都不影响它原有的光辉。相信真懂得欣赏的人，绝不因为角度不对，而否定了作品，更不会放弃欣赏的机会。

　　能管理好自己，就是尊重自己，是守分的根本。能守分的人，对事必能负责；能守分的人，在家庭中就能做到和睦相处、敦伦尽分，处理公务必能忠诚敬事，在社会上必能与人互相尊重、诚信待人。

　　可是世间的人，往往待己特别宽厚，自己一旦犯错，总是找理由来文过饰非，而没有勇气痛下改过的决心。这对一个人的修养是极大的伤害。因此管理自己，尊重自己，时时自省，的确是进德修业的良方。

子曰父在觀其志父沒觀其行三年無改於父之道可謂孝矣　學而嘉言　逸子

陋巷當思顏子樂　茅廬不改武侯心　甲辰之春　水月菴主人

父在观其志

原文

子曰:"父在,观其志;父没,观其行;三年无改于父之道,可谓孝矣。"

——《学而》

意译

孔子说:"一个做儿子的,当父亲在世的时候,一切要顺从父亲的心意去做事;在父亲已死之后,仍要遵行父亲在世时的家规制度。直到守丧三年期满,也不改变父亲生前的作为,就可以称为孝子了。"

瘦劲庄严心

四哥奉令调往新竹军区，这是一九五五年的事。当时我正十七岁，以坚持要留在台中求学，并在一家染织厂当童工为由，不肯随眷北上。体弱多病的父亲，为此尝终宵难眠，而他深能体谅我的心情，由于环境与现实，只好迁就于我。临行前，父亲老泪纵横地告勉我说："希望我给你的不止是这身傲骨，还有一颗容忍的心。从小到今你乖巧好学，固然能让我放心，但要知道，一个人活在世间，不只是为自己而活，或来彰显自己的才学，如果这样，那你的生命格局太小了。纵然一生舒适，而这样的人生并没有多大意义。为父一生，苦于时势及衰弱的体质，未能有所创局，望你能体会我的心境才好。并盼你珍惜发肤，体恤父母之苦心为是。"同时又告诫我将来立世，要有"三不争"：一是"权位"，二是"财欲"，三是"意气"。我当时年轻识浅、心志朦胧，对于父亲的这些话，只知援笔作记而已，而今读来，才深深体会，实堪为处世之座右铭。

一日，父亲自新竹回到水月庵，见我在壁上写副对联："陋巷当思颜子乐，茅庐不改武侯心。"父亲看了看，笑着说："此联取意不错，可以自勉，但不宜赠人。年轻人言语文字率真直接，固非坏事，难免锋芒嫌锐，易惹非议。养志在心，处世要内敛含蓄，这个道理，或也可用于绘事，笔墨意境可能有另一番天地，未知然否？希望你细细体认。"父亲虽不学画，却给我如此深远的启示。人生的道理，无非在"练达世事"而已。往后每拈笔运墨，总会泛起父亲的这席话，多少领略出何谓"太和"之美了。

旅台二十年，依然颠沛流离，始终不离穷困二字。父亲病笃，悉心皈佛，修持甚坚。某夕，自知大限未远，叫我兄弟于榻前说："我一生唯憾多病，以致一事难成，今知大限已尽，却无一丝一缕可遗留于汝等，想来十分惭愧。在人生旅途中，生离死别谁能免呢？无奈与伤心又能如何呢？"我只好安慰他老人家说："我们兄弟感激您赐给我们健全的身心和坚定的意志，而更保持了家世的清白，可以令我们有丰富的奋斗空间。不留遗产，使我兄弟更能和睦相处，相安无事。唯望您老人家，生在浩劫，息于安乐，一心向佛，不存挂碍，又有什么可遗憾的呢？"老人家听了，眼神中泛出欣慰的慈辉，默默不断地念着"阿弥陀佛"，再无闲话，安详地走了。

　　匆匆三十载，父亲的步履远了，萧瑟的秋风依旧刮着，案头悬着父亲唯一的墨宝"诚实"二字，清瘦圆劲的笔迹，正是父亲的写照。"山高乔木劲，水长白云深"，恍若一场短梦，对此红尘缘影，能不点滴在心头吗？

論語画解

有子曰禮之用和為貴先王之道斯為美小大由之有所不行知和而和不以禮節之亦不可行也

學而篇 江逸子

礼之用和为贵

原文

有子曰:"礼之用,和为贵。先王之道,斯为美;小大由之。有所不行,知和而和,不以礼节之,亦不可行也。"

——《学而》

意译

有子姓有,名若,鲁国人,是孔子的学生。他说:"礼是对人对事的礼仪法则,人在行使礼的时候,最可贵的是要表现从容舒泰、平和诚敬的心态。古圣先王在这方面的表现,是最美好的。不论对小事、或大事,无不照着这样去做。如果有行不通的时候,仍应秉持和顺的心态去面对,并要遵循礼仪的节制、约束,否则就失礼难行了。"

和为贵

　　学生叶如倩前两天与其夫婿李树军赌气。一早小倩就驾了车子，想独自去彰滨公路兜兜风、散散气，没想到车还没上公路，就和迎面来的小货车撞上了，幸亏双方没加速，否则后果不堪设想。

　　昨天是"文复节"，小两口捧束鲜花来看我，但见小倩左腕裹着纱布，问后才知道出了状况。其实只是为了芝麻绿豆般的小事，而双方互持己见的缘故，如能各退半步想，其实彼此都是好意。内子特别留他俩在家便餐，其用意要我予以开导一番。于是领他们到书房泡茶，小倩一直要我为她老公"上一课"，恰巧我案上正绘着这幅画，只好借题讲述了"礼与用"的肤浅比喻。

　　"礼"是中国优良传统文化的象征，可是近代人对它不但模糊且存有质疑与误解。漫以为礼是约束人的自由及尊严，认为是封建时代的严苛教条。事实上，"礼"不但不妨碍人的自由及尊严，反而极尊重、极维护人的自由与尊严。试问：古今中外谁不愿受人尊敬赏识呢？一个人能恒常受人尊敬，必然跟他平时为人修养有绝对的关系。高尚的品德，加上谦谦有礼，这是人生无上的尊贵，必然受人崇敬。换言之，其人若思想怪诞、固执成见，言语又多挑拨蛊惑，以显示自己博学多才，和这种人交往，就要无时不提心吊胆，当然应敬而远之了。所以说，礼是讲究"适性"的，是合乎人情世故的。它不是"任性"的，绝不是权势、富贵或能力所能取代的。礼既可提升人的品质，也是人与人之间感情的"润滑剂"。它可以端正社会风气，建立伦理规范，是促进和平进步的最好游戏规则。彼此尊重，彼此谦让，融洽互信，人们如都能如此善用珍惜，这社会必将充满温馨和谐了。

　　"礼"的实施，是高度的艺术，"过与不及，非礼也"。譬如驾车，它不但是"润滑剂"，也是"刹车闸"，只有善加利用，才能让人安心驾驶，不致失控。所以说"发乎情，止乎礼"，就是这个道理。又"礼之用，和为贵"，"和"是平心、中和的作用，是过与不及之间的平衡点，有着谦冲包容的意味，因此古人尝以"家和万事兴"作为治家格言。"润滑剂"虽利于行车顺畅，但不保险安全；"刹车闸"可因应紧急状况，但亦不能过于依赖。最好在于调节的艺术，若能保留一段"安全距离"，这就是"和"的可贵了。

欲阐明"礼"是天经地义的道理，就得落实于生活上。心存于礼，自然形之于外貌，言行必然循规蹈距，事务务求通情达理，自然带动社会走上遵礼制、守秩序的轨道。这样一来，被尊称为"礼仪之邦"的国民，才能挺起胸膛"威而不猛"与世交缘。若只是一身铜臭味，一表骄矜气，充其量只是名利的蠹虫，受人鄙贱而已。

由于对"礼"的轻薄，致父子、兄弟、夫妇以及人际关系皆不能和谐相处。无所不争，无所不比，虽说平等而无伦理，高谈自由而失责任，人与人间互不信任，处处依赖契约来约制，聚时甜言蜜语，散时互揭疮疤。徒留下老大伤悲、稚小无辜。殊不知，早已失去了自由平等的保障，这个社会，只有冷漠而无生趣，岂不可怖吗？

李树军听了，垂头低声地对小倩说："咱们回头去买本《礼记》来读读吧！"小倩则说："先读《论语》好了。"这时，小夫妻虽意见或有不同，而目标已趋一致，不再起争执了。

論語画解

有子曰信近於義言可復也
恭近於禮遠恥辱也因不
失其親亦可宗也 學而句
乙亥之間 逸子莘錄

信近于义

原文

有子曰:"信近于义,言可复也。恭近于礼,远耻辱也。因不失其亲,亦可宗也。"

——《学而》

意译

有子说:"与人约信的事,必须合乎义理,才可以践行。对人表示恭敬,必须要合乎礼节,才可以避免被人耻笑羞辱。所亲近的都是应该亲近的人,也就可以获得人的尊敬了。"

诚字在握

早年从学于雪公，曾请教曰："学问之道浩如烟海，不知要如何学来？"雪公要我伸出手掌，用他的食指在我掌心写了个"诚"字，然后又将我的手指内扣紧握起来，并和蔼地笑着问："懂吗？"当时一片茫然，似懂非懂的，只好恭敬地应声："是。"雪公又说："懂得最好，不懂也好，回去慢慢领会吧。"这段往事，好像禅门公案，对一个心猿意马、自以为颇具巧思的我来说，的确是记当头棒喝，却也起了醍醐灌顶作用。

三四十年来，虽然也读过一些书，也走过不少路，从人生挫折中也略有领悟，这些生命阅历终成为滋润我身心与画境的资粮，可是"诚"之一字，始终在我的心中若隐若现。虽很难"掌握"到真实而无愧的地步，但是由于有它时时地浮现，多少能警惕我什么叫做"私心"。

《礼记·乐记》中记载"著诚去伪"，讲求的是真实不虚伪。"诚"者"成"也，"不诚无物"，事实上心若不存诚，不管什么事都很难有结果。因此古人又说诚则明、诚则灵、以及诚则神等，确是有其道理的。

现今世人，就是少了一个"诚"字，说话不算话，朝令夕改，妄言轻诺。例如有些从政者在口头宣传上，令文、武、周公都自叹不如，一旦施政，却比贾似道、秦桧、严嵩之流更为"高明"。凭着一日身居高位，就自以为德孚众望，于是信口开河，毁法乱纪，将人民付托置之脑后，诚为无耻不义之至；还有些学者，心不存诚，恃才傲物，巧言令色，践踏情理，言行举止不务庄重自爱，散播邪知邪见，蛊惑人心，影响社会至深且巨，不但不知羞愧，尚且沾沾自喜，实太可怜可悲了。

"诚"字在"握"，读书方不愧圣贤，为政当不致误民，与人交往必守信义，言必由衷，行必有则。出仕谨言慎行，进退有据；在野安分守己，敦伦尽义。合乎仁，行乎礼，自然可"一言九鼎"或"一诺千金"，受人敬重了。

曾有学生问我："如何学好画？"答言："去私存诚而已。诚自然可感通万物之理，变幻之情，心纯手敬，灵境沛然。"譬如说我信佛，喜欢画菩萨像，在造像之初，必先心存恭敬，虔诚礼赞，使心与菩萨同其悲愿，然后笔笔由心念发出，不敢草率。此时顿感周身上下皆成庄严道场。造像完竣时，常常觉得菩萨法像远远超出我原构的意境，我自身也获得清净庄严的喜悦，自然而然地向作品躬身顶礼。

若是将画菩萨以营利为目的，绘制作品时，唯恐不能讨好顾客，又计算时间的耗损、成本效益，希望以最少的时间完成最佳的作品，则画成之后，必然艳光四射、风尘味浓，而终难脱尘俗之气，当然更谈不上"清净庄严"了。

雪公的启示——"诚字在握"，使我感悟于心，时时笃实践履，不敢荒忽遗忘。这不但可用于学养，且可用于行政，即言经商，亦必以诚信为要道。学画虽不过雕虫小技，岂可如郑板桥所谓"门馆才情，游客伎俩"等闲视之。

論語畫解

子貢曰貧而無諂富而無驕何如子曰可也未若貧
而樂富而好禮者也子貢曰詩云如切如磋如琢如磨
其斯之謂與子曰賜也始可與言詩已矣告諸往而
知來者 學而嘉言 古閩逸子萍畫

贫而无谄

原文

子贡曰:"贫而无谄,富而无骄,何如?"子曰:"可也;未若贫而乐,富而好礼者也。"

子贡曰:"诗云:'如切如磋,如琢如磨',其斯之谓与?"子曰:"赐也,始可与言诗已矣,告诸往而知来者。"

——《学而》

意译

子贡姓端木,名赐,是孔子的学生。他向孔子请问说:"如果一个人,虽很贫穷,却不会对人奉承谄媚,或是一个富贵的人,而对人不会骄狂傲慢,这样的为人怎么样呢?"孔子听了说:"是可以了,不过还不如虽是生活穷苦,而能泰然自适,安贫乐道,或是拥有富贵,而能自我节制,礼敬待人。"子贡听了老师的话,马上想到《诗经》里的"如切如磋,如琢如磨",他说这大概就是告诫人不论做人、做事、做学问,就像制角器、雕玉石一样,都要精益求精,追求至善至美的道理吧!孔子听了他这番话,于是说:"赐啊,现在可以与你讲论《诗经》的道理了。告诉你一件,你能有所发挥,举一反三了。"

论语画解

不亢不卑

前年的春天，与福州画家林光耀兄偕游大西北，并拟赴敦煌览胜。一路上，由于他的关系好，我俩受到了各地政府的优惠礼遇与热诚款待。

当我们投宿于嘉峪关之长城饭店时，晚餐过后，即有当地旅游局柳局长前来客房造访。柳君是位高士，谈吐隽永而温文儒雅，因他擅于丹青，又工诗词，故而话机十分投缘。

突然门外传来一阵喧闹的嘈杂声，打断了话题。倾听后，始知是旅客跟当地陪同导游员起了纠纷。市井纷争原是寻常之事，但其中却听到一句令人十分感伤的话："钱、钱、钱，你们台胞除了钱以外还懂得些什么……"当时柳局长听了此话，却为之动容，凝重的神情再也按捺不住，欠身道了句"失陪了"，立即出去排解这场纷争。不久，又回到房里向我鞠躬致歉说："年轻人，没长见识，出言无状，还请您老莫见怪。"是时，我却不知所措，好似挨了一记闷拳，尚不敢出声，一股沉重的心情，只有苦笑而已。

吵架者，与我虽非亲非故，但皆是同胞，争执的不是因为深仇大恨，却关系德行的偏差。尽管说"人亲不如土亲"，同在天涯，礼失于野，伤及尊严，夫复何言？此事咎在自取，岂不为之气结？

俗谚云："人穷瘦骨硬，家富喉咙宽。"这是极世故的一句话，道尽了人生世态，岂能不慎加反省警惕？穷得有尊严、有骨气，在我个人来说这是不难做到的，但富能虚心不骄慢，可就不容易了。"富贵半从苦中来"，在人生的过程中，经过多少力争奋斗才会有如此成就，若因此就得意忘形，逞一时口舌之快而言行疏失、惹事生非，就很不值得了。

换句话说，人若贫困潦倒，伪装出一身臭骨架，与一个不学无术的阔老又有什么差别呢？所谓"君子固穷"，穷只是物质的匮乏，而非内心的空虚。贵在能安于清贫、淡泊自甘、不移素志、不怨不尤，处世待人依旧平实诚恳，不自卑，更不贡高我慢，即不愧为君子。富贵之人，更应存感恩的心，时时当思得来不易。如能热心济世助人，虚心求学上进，自然彬彬有礼而受人敬重，这才是有学有行的道德君子。

学问之道何尝不是如此呢？例如我早年时有位同学，天赋灵敏，且甚好学，在同窗之中最为杰出，可惜他的言行见解往往悖乎情理，坚持己见，孤傲自负，而使同学多不齿与其亲近。因而老师尝感喟说："学识高而修养低，终究不成学问，这是十分可悲的事。"人不因书而贵，所学不能济世，远不如乡野村夫内外平实、安分守己来得可爱。

嘉峪关虽处大漠边陲，柳君之豁达高旷，诚信"十步之内必有芳草"，虽匆匆一晤，惠风珠玉，历久恒新。那日他的言行端方、处世敏睿，再加上他谦和有礼的风范，不啻是首完美的诗篇，神韵隽永而耐人回味。

为政篇

子游问孝

原文

　　子游问孝。子曰:"今之孝者,是谓能养。至于犬马,皆能有养;不敬,何以别乎?"

——《为政》

意译

　　孝顺是人生的美德,是实践伦理道德的基点。子女受父母抚育,自小凡生活所需,皆受父母供给。等长大以后,思所回报,供给奉养,本是极其自然的事。这种天经地义受恩回报的道理,在自然界中,连受人豢养的狗和马,也能实践做到,而以看门警卫、供人乘骑、代服劳役等方式回馈主人。为人子女的,如单着眼于供养丰厚的物质,而对待父母的行为态度,不能在诚敬上去讲求,这和犬马被主人豢养,也能回报主人的行径,不就没有差别了吗?

孝的感思

水月庵巷子的西端，是一王姓大户人家，住的是位中将老军长。老军长为人木讷寡言，待人却很和蔼，事母至孝，望重乡里。太夫人年逾九十，双腿乏力，终日卧床。老军长有三位夫人、六位子女，奉待母亲却从未假于人手。清理粪便、更衣净身、侍茶奉食都是军长亲自侍候，从无怨言。

某夜，军长夜半醒来，闻母亲在房内哭泣，紧张万分，以为发生大的变故，仓皇跑进母亲卧房，但见太夫人跌坐在床边的地上。军长见状，气急败坏地哭出来，连叫："娘！发生了什么事？"太夫人哭着说："我要如厕，呼叫不应，自己下床又走不动，埋怨自己，老而无用，真不如死了算了……"母子哭成一团，军长连连自咎自责，但求原谅。于是扶娘上床，清理即毕，仍然跪在床前，聆听太夫人埋怨。不知不觉太夫人睡着了，军长仍跪在床前，没受宽宥不敢起身，直到天亮，太夫人醒来才敢起身。可是跪了四五个小时的军长，挣扎了许久，才勉强站起。

太夫人之丧，巷子里一时冠盖云集，哀荣备至。老军长终日身穿麻衣守在灵帏内，寸步不离，唯要员前来吊唁，才覆麻遮面携眷跪爬出帏，叩谢后归复原位，执礼守制之谨，诚敬由衷，令人感动不已。

在守制期间的某晚，老军长蓬头散发，来访水月庵，见了主人随即伏身跪拜，主人十分意外而惶恐，亦以跪地答拜。原来太夫人奉安后，将行"点主"仪式，有意乞求借水月庵为贵宾招待所。忠臣孝子，焉有不敬之理？次日一早就遣人将水月庵粉饰布置得焕然一新，并派专人侍候，有条不紊。

点主时刻一到，军长从丧宅一路跪行前来水月庵。三十多米距离，对一位高龄老人不免是件负担，有人劝其从简，军长坚持不肯，当时见者无不感动落泪。见了点主官，载诚载恳恭敬伏地叩头再三，于是行持点主仪式。

唉！"孝"这个名词，似乎距离现在人们的生活渐远了，"人"的价值观也与以前大有不同。君不见家财万贯之父母，老死安养之所而无人看顾者，已成司空见惯之事。不讲孝道，又如何对待人事呢？可怜啊！为政者不倡孝道，是不仁慈的行为，不尊重孝道又焉能厚待百姓？若不能厚待百姓，只想利用人民，则天下必乱。慈与孝乃天赋的人性，是齐家治国的根本，为政者不可不加以珍重。

吾与回言终日

原文

子曰:"吾与回言终日,不违,如愚。退而省其私,亦足以发,回也不愚。"

——《为政》

意译

回是孔子最欣赏的弟子颜渊的名字。他平日听从老师说教,只是默默领受,从不发问,好像很愚笨的样子。可是孔子注意观察他私下的议论,正足以阐发老师所讲的义理,所以孔子赞美他说,颜回呀,实在不是愚笨啊!

灵泉庵

去年秋天，访友人于四川成都，顺便上峨嵋一览风光。登山途中有一小庙，题名曰"灵泉庵"，游客多在此歇脚。庙左有缕山泉，清澈无比，许多游客蹲下身子直接以手掬水，就口而饮。听路人说，此泉水比起山下所售之矿泉水尤佳，引起我的好奇心，也随之蹲身一试，的确清凉甘冽，路人未曾虚言。

于是，心里又生奇思，说："一条泉流如此长，为何路人却挤在一起取水呢？"身旁有位庙中老道士接着说："说也奇怪，相距一米，其味即不同。"我问："能饮否？"他说："只能止渴，而不生津。"趋前一试，果然不谬。又问："如将泉源之水储蓄起来，其味道又如何？"道士说："可暂时不变。"问："泉流何处？"答："注入岷江而奔大海。"我友说："可惜，灵泉岂不受污染哉？"道士说："清者自清，浊者自浊，何曾污染。"

两口山泉，不同味道，一席对答，恍惚若有所悟，人若心境湛然，论道、参禅，都觉得是余事。

视其所以

原文

　　子曰："视其所以，观其所由，察其所安。人焉廋哉？人焉廋哉？"

——《为政》

意译

　　人生存在社会之间，经常面对的不外"人"和"事"。而俗语说"做事容易处人难"，这话确实是经验之谈。因为做事只要按部就班，循序渐进，都会有成功的可能。而处人呢？因为"人心隔肚皮"及"知人知面不知心"，所以就很难掌握了。而孔子说，面对一个人，先看他所做的事，再观察他做这事的动机因由，然后再看他做了这事以后，是不是心有所安、意有所乐。那么对这个人的真假好坏，就可以了解个大概了。

心胸气度

中暾张曦是我少年时同学，高考及格，分派"行政院"工作，临行前曾过澹宁斋一叙。适时我正在读王安石《读孟尝君传》一文。这篇文章虽仅寥寥数语，却立论精辟，独具只眼，令人爱不释手，因而介绍给张曦。

文章曰："世皆称孟尝君能得士，士以故归之；而卒赖其力，以脱于虎豹之秦。嗟乎！孟尝君特鸡鸣狗盗之雄耳，岂足以言得士？不然，擅齐之强，得一士焉，宜可以南面而制秦，尚何取鸡鸣狗盗之力哉？夫鸡鸣狗盗之出其门，此士之所以不至也。"

之后，张曦转至一家私营大企业机构担任主秘，颇得老板器重。他因读这篇文章，受用匪浅，在处世待人方面都另有一番见地，这是非常值得庆幸的事。我想，一个有作为的领导者，必然有恢宏的心胸气度，对事情有精审深邃的看法，而能提出强而有力的见解。不由又想起曾子的话："用师者王，用友者霸，用徒者亡。"道出了一个为政者的领导方向。汤得伊尹、周文王得吕尚而王天下，得力于"用师"的谦虚礼贤；齐桓公用管仲，刘玄德用诸葛亮，"诚义友道"因而霸天下。如果一个为政者，周边都是听话、讨好、专出点子的小人，贤能之士必然远离，这个政体注定要失败。因此孔子说："视其所以，观其所由，察其所安。人焉廋哉？人焉廋哉？"观察一个人的善恶就要从他的动机、行为、品德三方面去评断。

子貢問君子。曰先行其言而後從之 為政章 江逸子

子贡问君子

原文

子贡问君子。子曰："先行其言而后从之。"

——《为政》

意译

现在的人，很多讲话冲口而出，而不考虑将来是不是能兑现。更有的讲了些空话，而根本不想实践他的诺言。这都是失信的行为，是让人最瞧不起的。而古时候的君子，话不轻易出口，唯恐话讲了，自己做不到，而失信于人。更有的，事做在前面，话讲在后面，这样就自然获得别人的信任与尊敬了。

讲话

小时候在眷村,某日一早,听隔壁的徐老爹拉起大嗓门在吼。仔细听,原来在训他的大儿子小龙哥:"你对人讲话总是颠三倒四、没分没寸、口不择言的,人家会把你当话来听吗?你这样讲话,还不如放屁,放了屁,人家会有感觉的,你的嘴巴为何这么贱呢?……"小孩子当然不敢问大人家的事,只觉得讲话比着放屁是满新鲜的,虽然有些"老粗",却留给我深刻的印象。往后每与人交谈,总会联想到徐老爹的那番话,就不敢口不择言了。

的确,讲话很难。人天天都在讲话,但一辈子能把话讲得很得体的就不多了。我有一位朋友,家世很好,一生下来他父母已经给他备妥庞大的资产。他长得白白净净的,平时穿扮入时,坐在那儿,活像一位风度翩翩的外交家。但一开口,原形毕露,不但措辞低俗,并且观念偏激而肤浅,与他的外貌成了强烈对比。每当他讲完话,他夫人就得为他做"善后"工作。朋友们管他叫"只拉屎而不擦屁股的先生",比起放屁,显得更严重。

言语表现了一个人的学养深度以及道德观。一句话讲错了,会造成严重后果,小则败德,大则亡家亡国。有时,往往就凭一句话改变了历史,有的丧权辱国,有的化干戈为玉帛。因此,讲话不可不谨慎。

在报章上常见许多外交辞令如"严重关切"、"后果由某方负责"、"深表遗憾"或"郑重否认"等,在措辞用字、时间、对象上,显然经过审慎适度的衡量。因为一不小心,丢了乌纱帽事小,还找来难堪。

我国是有深度文化的民族,孔子将言语列入他教学四科之中:德行、言语、政治和文学,言语仅次于德性。换句话说,不懂德性与言语,就不配从政和做学问,可见其重要性了。近来常见有从政者"失言"的现象,引起朝野议论纷纷。须知"一言可以兴邦"与"一言可以丧邦",古有明训,讲话怎能不审慎呢?民主时代的从政者,身受全民付托,不允许你将国家人民、身家财产作为个人情绪化的"赌资"。言论固然可以自由,德性不能不顾,失去德行就不配享有自由。况古人还有"君子绝交不出恶言"的例子。尊重自己德行,就是尊重国民,因为你是国民的表率。富而好礼,繁而不乱,言皆由衷,自然获得全民拥戴,也符合了所谓"主权在民"的期望了。

論語畫解

子曰學而不思則罔思而不學則殆

為政章　江逸子於滄寧齋

学而不思

原文

子曰:"学而不思则罔,思而不学则殆。"

——《为政》

意译

　　常言道,人为万物之灵。其灵在哪里?就在于人有脑筋。此脑筋(思维的心力)可以发挥思维功能,面对人物、事情、学问道理,可以接受、记忆、分析、比较、组织、结构,以至于为自己操纵利用,进而发扬光大,贡献人群社会。但是人这灵敏的脑筋,要善加利用,才能发挥上述的效果。就像学习新知,如果面对新知而不去动脑筋加以思考,其内容的条理结构,就不能深入了解,那么所学的知识,也就只是皮毛,不能变化利用,迷迷蒙蒙,似知不知而已。但如果只用脑力胡思乱想,而不依凭学习的资料,就会漫无标准,不着边际,落入虚空玄想,就太危险了。

台糖小火车

在雾峰北沟故宫博物院的日子,是平生难忘的一段时光。苦涩的青年成长期,奠定了我一生的志向。

每天清晨,为搭乘七点钟开往南投的台糖小火车前往北沟,早晨六点就得赶往车站。由于票价低廉,并且尚可在车厢内温习所读诵的唐诗或古文,也可以海阔天空地思维过去及未来,或揣摹昨天在院中所临的那幅书;加之小火车的汽笛娇柔含蓄,令人倍感亲切,不像大火车那样气势逼人,因此它成为我的最爱。

庄副院长慕陵先生,说我是"全勤客",日子久了,院方同仁几乎都熟,他们邀我乘坐来往台中的交通车,可省几个钱,由于舍不得每天陪我上路的"朋友",也不想打断我车厢内独有的思路,只好婉谢了。

中午一个馒头果腹,终年不改,因为它方便、卫生又扎实。有次慕陵先生送我一幅墨宝,上款竟题"馒头僧",不禁为之莞尔。午间院方是不闭户的午休,可以拥有整个展览厅,静静地揣摹古人经营的灵思,笔头的严谨,收拾过程的层次气韵,谨记在心,摹记在册,作为晚间背临的功课。而今想来,当年的冲劲、率性与傻劲,确实十分可爱。

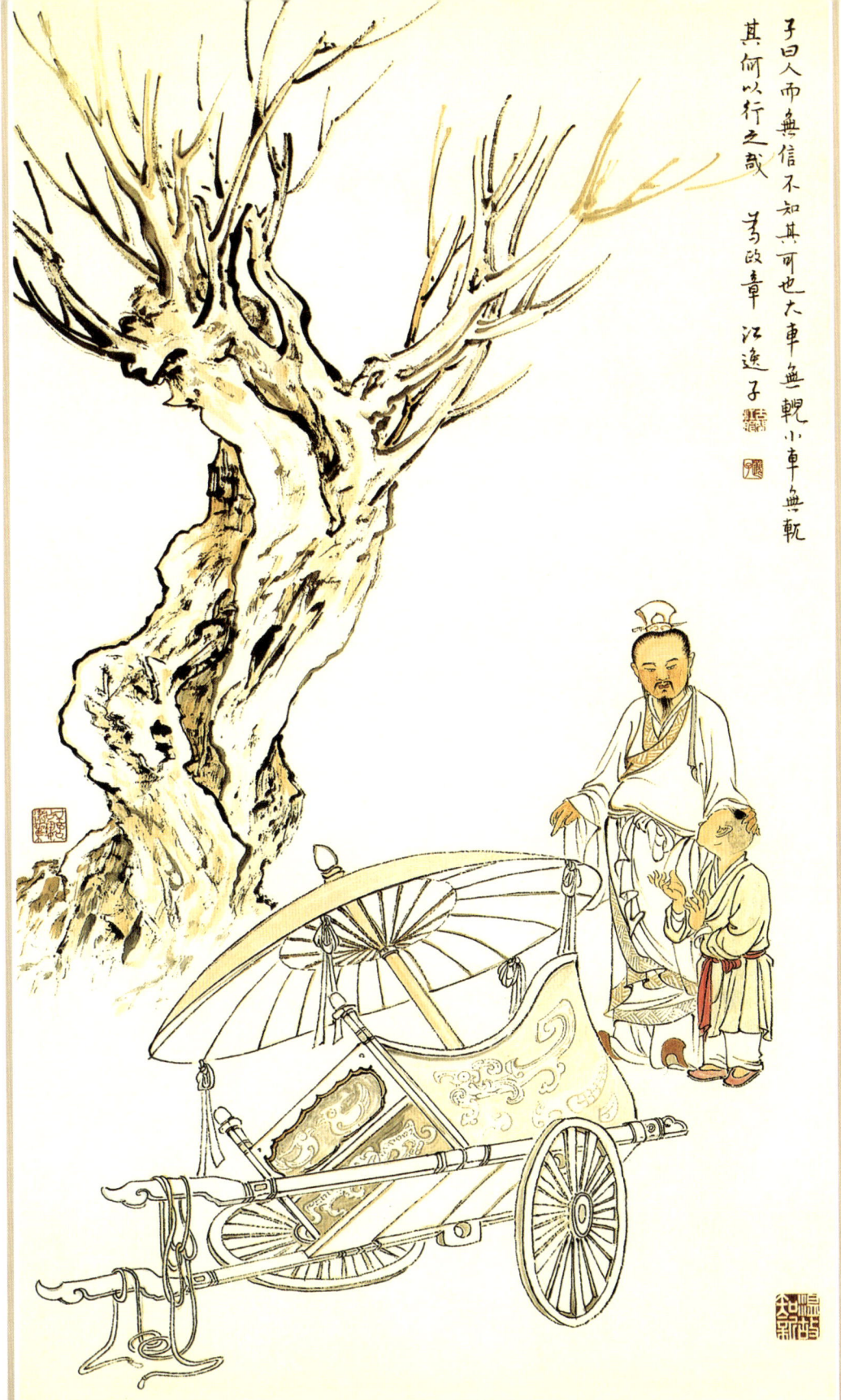

为政篇·人而无信

人而无信

原文

  子曰:"人而无信,不知其可也。大车无輗,小车无軏,其何以行之哉?"

——《为政》

意译

  人言为信。人的讲话,希望获得别人的信任、接受与尊重,其根本就是讲话要诚实,不论大事、小事都要严守信用。俗话说,积小信而成大信,渐渐在人心目中塑造成诚信不欺的形象,自然获得人的信赖,那么在社会上就能立定脚跟,凡事也就都能行得通了。

初谒雪公

一九五八年春,我由吕老师佛庭先生引荐,初谒济南李雪庐老居士。由于在办公处不便畅谈,故另约我次日上午九时到其私宅相晤。

雪公之德名倾慕已久,不敢怠慢,翌晨八时半即到其府邸外守候,徘徊等待,见邻家壁钟指字正九,方趋叩门,应声启扉,眼前一袭长衫、温文儒雅者正是雪公。礼让有加,入座毕,往书架上闹钟一瞥,点头笑着说:"好!好!好一个守时的人,能守时必定敬事,能守时必能守分,守分的人必是爱惜自己,敬重对方。太好了,太好了。"我当时虽然借住在眷村,听惯了浓重的鲁音,对他老人家这席话,意思仍似懂非懂,有些茫然,但雪公这番勉励的话,竟深烙在我心中,至今仍是历历鲜明,成为我数十年来待人处世的指南针。

论语画解

为政以德

原文

子曰:"为政以德,譬如北辰居其所而众星共之。"

——《为政》

意译

孔子说:"社会上的领袖人物推行政治,要以仁爱存心,以道德行政。这样就像天上的北极星,居处天的中枢,群星都在周围拱奉着它,拥护着它,而获得众人的向心。"

爱的教育

前些日，屏东发生学生伤害老师致死事件，而后又接二连三传出校园安全问题，引起社会议论纷纷。想杏坛本是圣洁净地，竟出此腥风血雨的不幸惨事，其症结所在，自是"冰冻三尺非一日之寒"了。

"子不教，父之过；教不严，师之惰。"这几句《三字经》的格言，道尽了教育的重要性、为人父母的义务及为人师长的责任。父子、师生之间相辅相成的教育，二者有着不可分离的关系。惭愧的是，近半世纪来，西风东渐，摧毁了国人的道德意识，数千年中华文化、民族精神，都成了废墟粪土，自己鄙视自己，自己人封杀自己人。开世界教育先驱的万世师表，竟也成了"乏善可陈"。走笔于斯，不免为之掷笔三叹，气结不已。

而今时髦的论调，所谓"爱的教育"，又何尝离开孔子的"有教无类"呢？只是将它割取一小部分，另贴标签而已。"爱"是无私博济的，没有贫富、阶级的差别，以纯洁无垢的心，以无私的精神，施与哺育及教育。它绝非以狭义的爱恶，用于情绪的反应，而是出于慈心悲怀，以千秋为志业，赋生民于创格，以肃穆的精神来成其道业。所以自古以来，都以"天地君亲师"为全民崇仰的目标，虔诚敬奉不敢冒犯。须知父母付给子女的是生命，而师尊付给弟子的是慧命，一"教"一"育"，这崇高的恩施，是不容质疑的。当然现今时代不同了，但其真义道理却是古今没有两样的，为师者多一番爱心，为弟子者增一分敬意，受益的是人类无尽的生命。

"爱"是博施济众丰富而美感的气氛，就像春天的风，带着微微的细雨，滋润着大地；"敬"如三月的花，和畅绽放，缤纷而生动。这种冲和、纯洁，不时交辉于爱与敬的心灵氛围中，是无垢无累和穆的美感。为人师者抱着无比的希望,为人弟子者怀着无比的光明,双轨并运,自会焕发出人间的光与热。

  时下的工商效应,一切以物质价值来作为评断标准:为人父母者所付出的是自私的爱;学校成了灌输知识、追求文凭的工厂,老师成了操作的劳工。主顾之间,形成了"按时收费、论件计酬"的买卖行为,彼此冷漠而无感情,更谈不上什么博爱施惠的心灵沟通了。

  偏执的溺爱,养成子女嫉妒、自私、骄傲、轻慢以及暴戾的心态,所产生的效应是:因嫉妒生奸诈狡猾心,因自私生巧取豪夺心,因骄傲生盛气凌人心,因轻慢而生无知愚昧心,因暴戾生残酷无情心。导致为师者视学生如粪土,做学生的看老师如贼寇,心不存诚,以暴易暴,师道尽失矣。国家民族之前景如何?当不难预期了。见此情况,不由得想起《易经·坤卦第二》一段话:"臣弑其君,子弑其父,非一朝一夕之故,其所由来者渐矣。"

  社会之乱源,病在文化式微。文化之命脉,操于德教之传承。多一分感恩心,少一分暴戾气,人人都能重道德、轻功利,方不致使生民涂炭,实乃国之幸也。

論語画解

子曰詩三百一言以蔽之曰思無邪

為政嘉言 古閘江逸子

诗三百

原文

子曰:"诗三百,一言以蔽之,曰:'思无邪'。"
——《为政》

意译

孔子说:"《诗经》共有三百篇,用一句话来概括它的全部意旨,就是要使人心归于纯正,达到劝善惩恶的目的。"

言诗

以往，每有客人求字于雪公老师，老师总是在他的诗集中掀来翻去，于千首作品中，却很难找到几首不发牢骚的句子来题赠友人。由此可见，诗是文人宣泄郁闷的良方，也是表述情感的管道，故而古人常称诗人为"骚客"。

少年时，常听老年人说"诗言志"，或"不学诗，无以言"等名言，当时虽然不解其中的大道理，但对诗却种下了几分雅好。我华夏民族，是好诗的民族，西周、春秋之际有《诗经》的流传，两汉有民歌，魏晋有古风，乃至唐、宋以来的近体诗，名家辈出，代代都有脍炙人口的杰作而传诵飘香。除此之外，尚有市井流传的许多妙绝意表的打油诗，它虽未尽合乎雅言格律，但诚挚平易的民风，往往在浅近的言语间涵孕隽永的情味，获得很高的评价。

好的诗，必以"温柔敦厚"为宗，蕴藉协调，幽默而富玄趣，冲和纯粹又时有着警句高华，留有隽永的想象空间。它不但是文字的艺术，并且也是思想、感情的凝聚。欲作好诗，炼句尤难，如唐杜甫所说的"语不惊人死不休"的严谨，及贾浪仙的"二句三年得，一吟双泪流"，无不显示诗人呕心沥血的苦况。但却也在偶得嘉言妙句时，得意忘形，莫可言宣。例如盛唐时，长安有位穷书生，借宿僧舍，某夕更深，苦吟间得一妙句，即欣喜欲狂，手舞足蹈奔上钟楼，疯狂地猛敲大钟，以致惊醒了深宫睡梦中的皇上，以为出了大事，京师戍军"鸣钟示警"，当下垂询值班大臣。这位大臣听了一回，笑着禀奏曰："听此钟，其声嘹亮而节奏喜悦，若非是寺中高僧悟道，必然是诗人得其妙句，恭请陛下宽心。"由此可见，诗情与禅境自有其气脉相通处，闻钟声，辨其音，意在韵外了。

寒斋旧藏有前清大臣，也是大书法家玉牒崇恩的一副楹联曰：

"朝回补睡寻幽梦,客去偷闲炼旧诗。"短短十四字,道出盛世良臣佐国的气象。五更早朝,八方安宁,无事可烦心,回到家里,睡个回笼觉,其梦也酣甜。纵然有访客干扰,待客离去,拈毫研墨,推敲未完稿的诗章,其心境是何等坦然呢!作诗、写字、绘画、弹琴用来寄情遣郁,使胸中块垒消失无形,自然心清智朗,为政安民必有良方妙策了。能培养如此的学养来问政,相信就不致将议事殿堂当作"秀场",也不致愧对人民的殷切期盼。

  人生有限,生命无涯,生活在这自由民主的时代中,虽是百花齐放,却也是莠草丛生。德是风,民是草,能有去芜存菁的导向,恒施以惠风甘露,滋润苍生。欲令民"思无邪",端赖为政者"言有方"了。

論語畫解

子曰吾十有五而志於學三十而立四十而不惑五十而知天命六十而耳順七十而從心所欲不踰矩

乙亥九月重陽前夕寫

馮政嘉言邃之

吾十有五而志于学

原文

子曰:"吾十有五而志于学,三十而立,四十而不惑,五十而知天命,六十而耳顺,七十而从心所欲,不逾矩。"

——《为政》

意译

孔子说:"我在十五岁的时候,就立志研习学问。到了三十岁,自己便能有所成就,在社会上可以立足了。到四十岁,就能通达一切事理,而不再有什么疑惑。五十岁时,便知道天地间一切事物,皆随自然的理则而变化、利导,非人事所能强为。到了六十岁,耳朵不论听到什么话语,就能明白其内中的含意。七十岁时,随心所欲,顺性而为,不会超越法度,而且言行都能中规中矩了。"

规划人生

　　这一章节，在幼小蒙学时期，即能朗朗成诵，然而多少年来，总因漫不经心地颟顸溜过，不曾深加思索，更谈不上心得可言了。如今年逾半百，加以往日对佛学略涉粗浅，而得此机缘，欲以画作阐释经义，乃得重温旧读，一时感触万千，不觉有若一股寒气渗入脊椎，深深感到自惭形秽，往昔之粗心怠慢，真愚不可及。

　　茫茫人海之中，几人曾为自己规划人生，若非执迷既往，即是期待未来。或怨尤时运之不济，或是消极而颓废，又有谁能"积健为雄"，来为当下的生命，致力开拓与实践？每思于此，不免无限追悔而怅惘。

　　孔夫子之一生，亦不过七十三岁的年月而已，综观其毕生行谊，实不曾虚过一寸光阴与生命。他早年丧父，由母亲颜氏茹苦含辛地养育，期许他成为一位有为的君子，因而当他十五岁时就发奋学习六艺（礼、乐、射、御、书、数），并以道德为本源，以诗礼来润身，养成温文敦厚的本质。"三十而立"，是人生一大转变，发挥仁德功用的肇始，"立"是建立于心，通达事理，严守善道，不偏不倚，凡事都能慎思明辨，从不模棱两可，更不轻言许诺，秉持诚信处世，是止静于清明的大定力。"四十而不惑"，世间一切学问，不管是教育、宗教、政治、军事、经济，乃至科技、艺术等，皆不能违背人情世故，故云"练达人情真学问"，或"但去凡情，别无圣解"。通情达理，就是行此忠恕之道，不生疑、不执著，更不颠倒是非了。"五十而知天命"，《中庸》开宗明义曰"天命之谓性，率性之谓道"，"天命"者，是宇宙人生的大道理，是形而上的哲学思想，若以佛学来印证，是"断惑证真，明心见性"的境界。"六十而耳顺"，"顺"是一切世相情理，皆已顺理成章，自然不悖而融会贯通，是洞察觉照的功能。"七十而从心所欲，不逾矩"，乃尽善尽美的圣境，举心动念不离法则，正如佛法所云"随缘不变，不变随缘"的大自在境，也相等于"妙觉"或"佛"的境界了。短短四十个字，即是自凡人至圣人的历程，也是凡、圣的分野。

　　我曾读过不少篇回忆录，于长篇阔论间，无非是粉饰功业，或满纸辛酸，博人同情罢了，很少于笔墨间呈现出毫无缺憾的灵运。道与业、圣与凡的差别，就在是否能致力心灵的开拓，及德性的实践而已。芸芸众生，所追求的无非新异，借以填补私欲的空虚，忽略了"小物不遗，动息有养"，心灵内外交融的升华，离心求道，自陷困境。

　　岁月如斯，反观自忖，无不愧然，但在生命中似乎透显出所觉所悟。若本着此章以自励，虽未能尽善，相信已朝尽美的方向逐步修正前进，依然为期不晚。我限于资质鲁钝，发此感思，不免落入"凡情测圣境"之讥，唯愤时世，宁借此一吐垒块耳。

論語畫解

孟懿子問孝 子曰無違 樊遲御 子告
之曰孟孫問孝於我 我對曰無違 樊遲曰
何謂也 子曰生事之以禮 死葬之以禮 祭
之以禮　論語為政嘉言　逸子書述

孟懿子问孝

原文

　　孟懿子问孝。子曰:"无违。"
　　樊迟御,子告之曰:"孟孙问孝于我,我对曰,无违。"樊迟曰:"何谓也?"子曰:"生,事之以礼;死,葬之以礼,祭之以礼。"

——《为政》

意译

　　鲁国的大夫孟懿子向孔子问人子尽孝的道理。孔子告诉他说:"不要违背礼制。"学生樊迟替孔子驾车,在路间孔子告诉他:"孟懿子问我怎样尽孝,我对他说:'不要违背礼制。'"樊迟听了不了解,就问是什么意思。孔子就为他说明道:"父母活着的时候,侍奉生活起居要尽礼,死后办理丧葬要尽礼,以后的祭祀也要尽礼。这就不违背礼制了。"

忆我母亲

"田园日日到,亲戚淡淡行。"这是我母亲告诫子女的话,也是我们的持家格言。

今年春节甫过,心血来潮,乘寒假之兴,拨出一周时间,作探亲之行,回到闽侯老家,顺便登上祖坟祭拜一番。

早在六年前,首次返乡,却见乡间妇人,依然挑水自给,十分辛苦,于是即提供资费,招请工人引泉筑坝,修砌滤池,埋设管道,分布全村各户。乡人欲以尘名题记,我则坚辞之。之后乡人以"振基水库"铭之,以志先君顾念乡人之厚意。

事隔六年再度返乡,由于行程突然,少有人知,待祭坟下山时,村中已聚集群众,嘘寒问暖,礼意殷勤。诚挚古意之情,难以言表。尤其有年长者,含情脉脉而紧握我手说,从我的神情谈吐间,好像看到我的母亲……不禁勾起我澎湃的情绪。回想已诀别五十多年的母亲,音容犹鲜活地在我心目之中,此时难忍脆弱的孺子之情,感伤不已。

记得我幼时,举家因避日寇之乱,由城市回到乡下。由于长年在外,老家所剩的田园,早已交付堂叔伯们耕种。国难年荒之际,父母亲不忍追讨自耕,于是带领家人,在后山荒芜之地,引泉拓荒,垦殖出一片梯田,种植旱稻、地瓜之属,作长年之计。记得当时,家叔与大哥偷懒,常往邻村姨丈家跑,母亲以"田园日日到,亲戚淡淡行"予以告诫。幼年的我,虽不明其意,但铭记在心,也就成为我数十年来成长渐进立身处世的规范。

提起我母,不愧是位伟大贤德的女性。由于我家数代单传,人丁薄弱,至先祖父道存公时,因天花早逝,遗下孤儿寡母,即父亲及祖母二人。然在父亲弱冠之年,祖母急于为子成婚,娶邻乡望族方氏之女(即家母)入门,共持家务。在父亲二十五岁时,大哥诞生，祖母惧于人丁单薄，于福州东门远房亲戚处乞得一男婴，交付母亲哺乳喂养，成为日后的小叔。又在二哥出生时，复以相同方法领来一女婴，作为母亲之养女，母亲深切体认祖母之殷情，从无怨尤。而后母亲为我家产下五男一女，连同叔叔及大姊，一家大小共十一人之多，家庭负担，教养子女，皆落在我父母双肩之上。年荒世乱，食指浩繁之下，父母负担之艰巨，不难想象了。

我父母亲治家恩威有节，父亲终日为生计奔波，母亲除田园家务外尚负教养子女之责。外祖家虽称富庶，但母亲从未去诉苦告贷，姨舅间情感虽厚，始终保持"淡而不厌"，因此数十年来依然留给乡人口碑不断，自非偶然。

因此我兄弟之幼年，多由母亲启蒙教导，督促背诵《三字经》、《千字文》、《幼学琼林》等，对尔后的人生，实在得力非小。记得一九四九年，我随父亲渡海来台，探视军旅中的四哥，临行时，母亲犹以《三字经》结语"勤有功，戏无益"为勉。当时我仍以"孩儿将来会以成就来孝敬您老人家"之语来告慰母亲，而母亲则以"孩儿当官娘为鬼"笑而答之。不意一语成谶，竟成一别千古，回头百年之恨矣。

乡人款款之情，祈盼我时常回乡叙旧，行至陌头，突勾起往事，母亲的慈容，似乎又显现在眼前。"田园日日到，亲戚淡淡行"及"勤有功，戏无益"之殷嘱，时刻在念，也成了我充实人生的指南针。

孟武伯问孝

原文

孟武伯问孝。子曰:"父母唯其疾之忧。"

——《为政》

意译

孟武伯是孟懿子的儿子,名彘,武是他的谥号,伯是尊称。有一天,他向孔子请问人子要怎样尽孝。孔子回答他说:"父母最担忧的是子女不幸而生病,所以做子女的,平日要保重身体,维护健康,不使父母挂心,这就是尽孝了。"

洁身自爱

孟懿子问孝，孔子曰："无违。"但其公子孟武伯问孝，孔子却曰："父母唯其疾之忧。"相同之问题，不同之答案，或由于父子之间身份不同，而各有分际吧！孔子于"无违"又详叙曰："生，事之以礼；死，葬之以礼，祭之以礼。"由此可见，一个人处世待人进退之间，乃至居丧追远，皆不能敷衍了事，唯以诚敬敦厚态度为准则。

然孟武伯者，想必正当精力旺盛之少年，于官宦富裕家庭中成长，最难的是收敛身心，节制欲念，故而孔子以"唯其疾之忧"诫勉之，希望他能洁身自爱，来安慰父母。虽然这话似乎平淡，但却有深远之意义。一个人之教育，最重要大抵可分三时期：一为幼年之庭训期。乃可从孕育期胎教做起，胎教足可影响子女之性情，因此父母生活习惯不可不慎；出生后，为模仿期。家庭习惯之优劣，皆是塑造子女之楷模，影响至深且重；至适学年龄，为子女吸收能力最盛期，也是思想强化期，一生之人格奠定全仗于此，岂可不慎呢？由此可见，家庭与教育，何其重要！它不但关系一个人的终生成败，也关系到国家的根本。

是故孔子在《孝经》中开宗明义说："身体发肤，受之父母，不敢毁伤，孝之始也。"这正说明了父子连心，慈孝不悖之理。为子女者倘若时时想到生身之恩，养育之德，及父母企望之殷切，能敢不洁身自爱吗？岂敢在思想与行为上，辜负了父母的恩德与期望，戕害身心，污辱门楣，而成为不孝之子呢？是故，孝出自天性，不但是义务，更是强化社会、敦厚人心不可或缺的根本。

身处今日，欣逢旷古未有之盛世，是值得庆幸之际遇。民主的实质，贵在拥有高度之文明素养，强化伦常，惠民以德，愈显得高明而可贵。若只限于浮幻的名象，徒然掠取一些化外杂碎，哗众取宠，而求逞一时口舌之快，非但不能表现应有之品质，反而误导民智，后果则殊可悲可虑矣。

  风雨如晦，浊浪排空，人心惶急，不知所措。处斯境，怀斯情，孤灯长夜，唯待鸡鸣之初唱耳。

子曰由誨女知之乎
知之為知之不知為
不知是知也
為政嘉言　逸子

知之为知之

原文

子曰:"由!诲女知之乎!知之为知之,不知为不知,是知也。"

——《为政》

意译

仲由,字子路,是孔子学生中年龄最长的。有一天,孔子叫着他的名字说:"由啊!我教导你怎样求知吧!自己确实知道的,才可以认为知道;那些不确实知道的,就不要勉强以为知道。这才是真的知道了。"

读唐三彩的省思

老友严思予君，近年来对古董文物发生狂热，在这方面投下不少精力与财力。尤其对两宋的名瓷，颇下功夫，所获成果亦十分丰硕。其中以磁州窑器最为见著，从传世品到出土器，样样俱全，并加以深入有系统的记录建档，不愧为个中翘楚，同道者称谓他为"磁州严"的雅号，实非偶然。

上星期，严君自国外回来，兴高采烈地来电话，说他携回一件旷世名器"唐三彩胡乐骆驼俑"，特别邀我先睹为快。其实我对唐三彩陶器虽不陌生，但对古物的鉴赏却并不在行。少年时，曾为了增进了解唐代人的生活习俗，对其人物服饰、风格趋向与胡骑鞍马等，凡属当时的时尚风气形态，均有传习的需要；又因当时故宫不曾收藏此类的作品，因而每赴台北之便，必趋历史博物馆观摩学习（史博馆藏唐三彩举世闻名），同时也选购一些有关的书籍作为参考研读的资料，故而对三彩器有着肤浅的认识。

严君携回这座三彩俑，可谓气势磅礴、豪华而壮观，高约七十余厘米，骆驼作引首扬嘶状，双峰间披垫着一席华丽彩毯为鞍，上面堆塑有胡人五个，各持管弦，有琵琶、筚篥、胡笳、短笛或腰鼓之类的乐器。深眼鹰鼻、满腮胡须，形态生动而神情诙谐，活像一小型杂艺团，有着一股强烈的亲和力。

以含铅成分的黄、褐、绿、蓝的釉彩，经以加温烧制后，形成釉色的溶流错综，为唐三彩独特的美感。挂釉极薄却光艳绝佳，其坯体胎骨，白中泛红，从雕塑写实到釉色匀衬，无不表达大唐文化高度艺术的智慧风范，的确是件"旷世名器"。

严君一再希望我对此器提出问题或意见。我唯据实而告之："不管在形制风格、胎骨釉彩，或风化现象来看，以个人有限的程度来说，它已具备了百分之九十的说服力。可是，由于我对真实的三彩古器，以往在史博馆只限于隔窗浏览，或限于文字意会，缺乏直接摩娑品味的经验。今日有幸，获此肌肤亲抚此名器的机缘，真可说是得到更深的学习经验，实在是不够资格谈论它的'问题'。"严君对我的答复，感到中肯，并且更进一步提供他的心得，对于补正我以往的缺失，助益良多。

古董文物之鉴定，是一门专业浩瀚的学问，它不单是真伪年代的问题，同时对各时代、各民族的文化背景、地理环境、史地迁徙流程，以及器物典章型制之意义等，都须有精确的考证，这就不是一般学者所能旁通的了。我对古文物的关心，是为了营养画意的常识所需要，对于鉴定仍有一段很长的距离，故不敢妄参"意见"。

凡事本着求知的心态去学习，懂多少说多少，是守分的常规。不懂的事，保持沉默，也是诚实的表现，则未必不是智慧啊！

八佾篇
ba yi pian

論語畫解

定公問君使臣、事君如
之何孔子對曰君使臣以
禮臣事君以忠 八佾章
甲戌歲朝 江逸子

98

定公问君使臣

原文

定公问:"君使臣,臣事君,如之何?"孔子对曰:"君使臣以礼,臣事君以忠。"

——《八佾》

意译

在春秋时代封建制度之下,社会阶级分明。一国之中,君为元首,臣为股肱。如果君臣之间相处得宜,必定上下和谐,政治亦必安定圆满。而君臣要如何相处呢?这就成了为君的人所心念的问题。所以鲁国的定公就向孔子提出了这个问题。孔子回答说,君虽位在臣之上,但对臣下应该待之以礼敬;臣事奉君上,就会善尽忠诚,竭智效力。这样互敬互爱,就能上下相安,使国家在政治安定中求进步了。

上山下山

俗语说："五岳归来不看山，黄山归来不看岳。"又说："不登天都峰，黄山一场空。"中国人对山水是永远跟诗情走，不在于征服，或向体能极限去挑战，而是千川百岳向有情者折腰妥协，不管是一山一石，好像大自然为他安排，一花一木都在向他脉脉传情，一弯流水，一缕轻烟，无不是他的血液和气息，在他心中都涵蕴着无限的玄机哲理，纺织着绚烂的文章。

登黄山天都峰，是件既辛苦又兴奋的壮举，需要体力、耐力与毅力去完成。陡峭挺直数千级的天梯，攀岩挽索，穿云拨雾。又如刀口般的鲫鱼背，在棱线上左右腾空，于寒风狂飙中迈进，连续三四个小时，既惊险又刺激，丝毫不敢大意。登上天都绝顶处，俯视群峰伏首，静听万壑松涛，似在欢呼，如在赞颂，回看周遭好汉，几个皓首老人，不由得一股莫名的骄傲，鼓舞着疲惫的身心。

俗语说"上山艰难下山险"，一点也不夸张。垂目穿岩，立身探足，美景当前亦不敢逼视。步步为营，寸寸危机，大有着"上山气短，下山腿软"的感觉。上山时，人往往失败于得意；下山时，往往失败于大意。登山，可以体会人生的道理。

登峰造极，荣耀当前，不可作久留之计，恋栈盘据，位高必险，对一个觉悟的人当"上台时先作下台准备"。人生本来就当如此，一切富贵权势，又何尝不是如此呢？云聚云散，一朝天子一朝臣，都在冷眼刹那间。造极固然可以看远，不可忽略时下的慎思。天边彩霞虽美，脚下夜幕将临，多一分恋栈，少一分安全。人生的道理，是从经验与修养去完成，成果又是后人的经验，生生不息而形成文化。

登山忠于经验，恪尽责任。忠在于无私，在于专注。任何的阶层,都是人生的履痕,不可不慎。山比着国家,道比着人民,忠在于登临者,上至元首,下至卑吏,不可不战战兢兢忠于道,不可不忠于山。步步踏实,贵在专心,忠于良知,忠于自然,登天都,小群山,贵在于"无喜不愠"的哲学中。

子曰居上不寬爲禮不敬
臨喪不哀吾何以觀之哉
八佾章　逸子

居上不宽

原文

子曰:"居上不宽,为礼不敬,临丧不哀,吾何以观之哉?"

——《八佾》

意译

一个人要想在别人心目中塑造成值得尊敬的形象,就要在平日行为中,处处以同情、体谅、谦和、礼敬的诚意,去面对周遭的人、事、物。譬如身居上位,对属下切忌刻薄寡恩,要多予宽谅。自己的对人行事,要心存敬意,以礼相待。面对丧家,要表现同情与哀感……如此自然表现出一种谦谦君子的风度,人又岂能不衷心敬爱呢!

意气召悔

彼得张是我高中的同学，他天资聪敏，读完大学就移民美国，当时羡煞所有的同学。同学们要我作幅画送他，记得画的是"苏武别李陵"，在饯行席上奉赠，场面温馨。

数年后彼得张首次回国探亲，同学们筹措接风，并开欢迎会，听他述说旅美经过。不想他去国未久，母语竟然生疏许多，参杂洋腔的华语，开口便表明他已是美国公民了。谈话的内容除了介绍在国外如何风光，就是批评国内的落后。讲完后许多同学交耳窃语，犹然鼓掌礼貌一番。不知道是我英语差劲呢，还是太热爱自己这块"贫瘠"的土地，心中总觉纳闷。

会后他却"礼貌"地叫出我姓名，并说送给他的画现挂美国家里，许多老外蛮喜欢，他却觉得有点"土"，建议我到国外走走，增广眼界，对我有益。之后，他又向我要幅画，说来调替那幅画，我却对他说，我画一直没进步，写幅字送你好了。于是以沉痛的心情用小篆录下唐朝司空图的诗："一自萧关起战尘，河隍隔断异乡音。汉人学得胡儿语，却向城头骂汉人。"临别前夕送上。由于所书为篆书，他曾问如何读法，我要他带回研究，不懂可请教老华侨。

往事如烟，当时年轻气盛，如今想来十分无聊，后悔不已。

八佾篇·君子无所争

子曰君子无所争必也射乎揖让而升下而饮其争也君子 八佾嘉言 逸子

君子无所争

原文

子曰:"君子无所争。必也射乎!揖让而升,下而饮。其争也君子。"

——《八佾》

意译

孔子说:"君子之人,平日与人是无所争胜的。如果说有的话,那就是行射礼的时候了。射前必先相互揖让,而升堂比射,射后也要相互揖让而下堂。然后胜的请负的饮罚酒,负的敬谨领受。这样虽是竞争,而彼此礼貌周到,仍保持君子风度。"

一场君子之争

三十多年前，在历史博物馆举办了一次重要的画展。由于这个画展具有时代意义及使命，主办单位特聘多位德望皆隆的学术界、文艺界的教授学者，参与评审工作，规定以不记名投票方式判别轩轾，按得分之高低，排定名次，给予奖励。

经过一场审慎而激烈的选拔，结果首奖却意外落在拙作的一幅白描工笔画上。当时，我不过是个二十多岁且名不见经传的小子，逊我半筹者竟是一位望重艺林的名教授，可说是震惊了全场工作人员。主持者姚某，找上应聘担任评审的我师吕公（佛庭先生），说我年纪尚轻，获此高第，将来未必对我有益，并要求我逊让一席，却被吕公勉强接受。到颁奖时，我竟排列在第三名席位上。当时我心头纯净的天空，顿时觉得蒙上一层阴霾，眼前的事实、心中的不平，一时使我难以接受。同去观礼的父亲，洞穿我的滋味，以忧虑凝重的神色看着我，我只得强忍胸中的情绪，从颁奖人手中接下一面锦旗。酒会过后，跑到邻近的植物园里，偷偷地排出压抑已久的泪珠。

"孩子，你今日的表现，并没输给任何人，你不但赢了作品的实质，也做到了君子应有的风度，这个风度更超出了游戏的意义。当知，不该赢而赢是'承让'，不该输而输是'领教'。尤其在酒会间，你犹然向所有得奖者的寒暄道贺，始终保持着恰如其分的君子气度，最为难得。同时愿你借此机会能增长学问，有所领悟，恒守而努力。"父亲的一席话，有着降温涤霾的作用。心想事实上一场竞技，输赢并不代表一切，一时挫折不能瓦解坚定的意志。虽然此次竞赛意义重大，也不过是一个人立身、处世的一章习题而已。游戏时外在的不良因素，绝不可使内心的净境留下任何瑕疵。

論語畫解

巧笑倩兮

原文

子夏问曰:"'巧笑倩兮,美目盼兮,素以为绚兮。'何谓也?"子曰:"绘事后素。"

曰:"礼后乎?"子曰:"起予者商也!始可与言诗已矣。"

——《八佾》

意译

子夏姓卜,名商,字子夏,在孔子的学生中,以文学见长。他向老师请教说:"《诗经》中有'巧笑的双颊,是那样的好看;美丽的眼睛,流动之间,是那样黑白分明。人绘画时,在粉白的画底加上五彩的颜色,更为漂亮'。这诗句究竟是什么含意呢?"孔子听了说:"这是说绘图的事,先要把粉白的画底抹好,然后再涂上五彩的颜色。"子夏听了,忽然领悟道:"这不就是说,人要先修养忠信的美质,然后再用礼来文饰吗?"孔子听了说:"商啊!真能启发我的心思,这就可以同你讲说《诗经》了。"

"淡"之美

一九六四年间某日，我接到"全岛青年国画比赛"入围通知，赴主办单位台北联合报总社参加当面试画，以证实身份无讹，并定名次。

当时我送选的是一幅《淮阴少年图》，题材取自"胯下羞韩信"的故事，以工笔白描绘成；另一幅《高山流水》，则是大斧劈皴水墨山水。两幅都不曾设色，可能是以淡雅入选。

应试时，没有刻意携带画具，遂在台北街头小文具店选购一管普通的中楷羊毫笔，及墨汁一瓶、瓷碟一个，即去应试了。到了现场，但见个个青年才俊，都携带了精美的文房四宝，丹青颜料也无不齐备，各据一方几案，俨然大家风范，与我的鄙陋苟简，形成了强烈对比。报到验明身份后，由主办者各分发两张宣纸，入席就位。当时担任评审官的，都是画坛一时之选，有名家黄君璧、虞君质、张谷年及王壮为等七八位大师级人物。君璧先生见我随身所带极其简陋，特来关照说："你是否忘了携带画具，如有需要，可向我学生借用，不必客气。"白云堂（君翁堂号）桃李缤纷，应试中就有多位属其门下弟子。当时心想应试只是证明实力，若技不如人，工具再好，又有何用呢？随即敬辞说："没关系，今天是试笔，一管就够了，谢谢大师美意。"君翁一笑也就走开了。

泡开笔头，蘸墨匀毫毕，就纸以兰叶描勾勒出《行吟图》一帧，碍于笔锋柔软，勉可表现我意。随后换纸，重新调墨匀水，复写数丛寒树，一角坡岩，布以野亭一座，用南宋马、夏皴法为之，运笔调墨，浓、淡、干、湿尚甚应手，一片荒寒气象，呈现案前。画毕回头一看，但见诸老在我背后交头接耳、互换意见，最后决定颁以首奖。往后连续三年，皆获此殊荣，无不以淡取胜。

"淡"之一字，可谓为我国人生哲学之宗旨，从淡中可以领悟出许多的道理。淡而简朴、素净、宁静、幽邃，在这原则下的作品就能达到"逸"境，由此而体现出清雅、明朗、含蓄而隽永的意趣。因此《列子·汤问》曾云："淡淡焉若有物存，莫识其言。"可以说由淡而臻逸之境域了。

中国绘画史最大成就在五代、宋、元，其美学源自道家，崇尚简、朴、素、淡、雅、净的思想，同时也与当时人生观念有着密切关系，如宋人衣着纹饰皆尚素淡、明净；日常用品也讲究淡朴、含蓄之美，如宋五大名窑官、哥、汝、钧、定所生产的瓷器，无不以高贵雅洁取胜；居家庭园、安排布置也皆崇尚清远幽深。至于绘画、文学更是如此。

淡是以简驭繁、由素生滋的，讲究先后有序、文质合宜，由浅入深、层次元浑，所写出的山光云气，虚实隐约、变化多端，而得空灵天趣的境界。

最后节引清代邵梅臣《画耕偶录》中的一段话："昔人妙论曰，万物之毒皆主于浓，解浓之法曰淡，淡之一字真绘素家一粒金丹。"近年西风东渐，识淡之趣者逐渐稀少了。浓郁的绚彩，艳炽而夺目，想此时此地，我若再提出作品参赛，必然落选无疑。不是我有自知之明，由于我不娴习此浓艳之法耳。

里仁篇
li ren pian

里仁为美

原文

子曰:"里仁为美。择不处仁,焉得知?"

——《里仁》

意译

孔子说:"环境对人心智行为的影响,是很深远的。所以人的住所,必须注意选择有仁厚风俗的地方。这样日久观摩成习,一切言行思想,也就归于仁厚,而无形中就成为一个仁人君子了。如果选择的环境不良,必然受其污染,这又怎能算是明智呢?"

慈有三伦

寒假期间，吾友周君之鼎贤伉俪过舍，畅谈退休后生涯。我与周君结缘已逾三十年，由于年轻时各奔前程，平时甚少晤面，然而始终彼此交融着淡淡情谊。

有了年纪的人，所谈无非往事，或是儿孙琐事。周嫂感喟说："现在的孩子越来越难管教了。"并问我看法如何。

以今日之时势变迁，潮流汹涌，一日千里，就区区在下来说，适应已感困难，更遑言开创新局。记得先师雪公说过处世办事的原则，必须先"认识环境"，再来扮演妥适身份，作合乎情理、合乎时宜的处置。

就以现代教育子女来说，应该先调整为人父母的角度。例如：当子女在十五六岁心志尚未成熟前，父母的身教重于言教，使子女养成健康的习性。虽然骨肉情深，但也莫因爱而失去教的意义。学校对孩子重在知识的传授，父母更要注重孩子人格的培养。如果将孩子让专家去教养，那只是义务而不是爱。

当到了二十岁，心志业已稳定，凡事应以建议、商讨与沟通的方式，让他了解"尊重"的意义，此时他不但是你儿子，也是你的兄弟。

进了大学出了社会，他有自己的思想与观念，已有独立的人格，也许他们的知识观念已超过父母，此时不但是你的儿子，也是你的兄弟，更是你的朋友。以你的人生经验，可以作为他们的诤友。这样当父母的没有压力，当子女者也没有负担，更能增加天伦乐趣。

里仁篇·富与贵

子曰富与贵是人之所欲也不以其道得之不处也贫与贱是人之所恶也不以其道得之不去也君子去仁恶乎成名君子无终食之间违仁造次必于是颠沛必于是

里仁章 癸酉十月 古闸逸子芦录

論語画解

富与贵

原文

子曰:"富与贵,是人之所欲也;不以其道得之,不处也。贫与贱,是人之所恶也;不以其道得之,不去也。君子去仁,恶乎成名?君子无终食之间违仁,造次必于是,颠沛必于是。"

——《里仁》

意译

财富和地位,是人人所要追求的。如果不依循正当的道理和方法而得到了它,一定是要推辞而不接受的。贫穷和卑贱是人人所厌恶的。如果不幸到此地步,决不以不正当的方法手段,去脱除贫贱。以上所谓的正当的道理方法,就是"仁道"。一个君子,如果离开了仁道,怎能成此君子的美名呢?所以君子要时刻把握仁道,在仓促急遽的时候固要如此,在颠仆困顿的时候也必如此。

谈钱

以往台湾有句谚语说:"讲到钱,就厌气。"这句话好久不曾听过了。用心寻绎,这句话有着深远的乡土文化在里面。过去人们既纯朴又勤劳,并且慷慨而谦虚。虽然当时谈不上有优越经济文明的环境,就凭着浓浓的乡情,维系着人与人之间敦厚而温馨的情谊,安身立命于无忧无虑之中。

读书人,好像谈到钱,就觉得很俗气。尽管说"钱是身外物",但生活的空间却少不了它,它可以解决食、衣、住、行及教育等民生基本问题。赚钱要靠劳力,十分辛苦,而花钱就需要艺术了。不会花钱,花得俗气而浪费,不但对自己没益处,反而自害身心。有人说"有钱能使鬼推磨",岂知惹鬼上身纠扰不放的后果。君不见乎,贪污行贿因钱起,多少人都因之而身败名裂、妻离子散;又不见多少匹夫怀璧,惹来打家劫舍终至贼死人亡之惨剧……

钱固然可爱,当取之有道;钱虽然美妙,应用之适度。钱虽有价,买不了道德、人品、学问和生命。钱不浪费恰如井中水,四季保持着一定的容量,取之用之,少顷又恢复原位;添之补之,转眼又消失归位。不浪费能安分,终将不匮不乏。

贫与富,是比来的。没有贫也就没有富,只富而不贫也不觉得富;只贫而不曾富也不知贫了。贫富若分家,烦恼断不了。俗语说"人比人气死人",何不"将心比心来得贴心"呢?安于贫而无罪,贪于富则不仁。钱可致富,亦可令贫。君不见乎,今之天下多少富于外而贫于内者?不贪不贫,贪者近贫,君子怀仁,不富不贫。

里仁篇·富与贵

我未见好仁者

原文

子曰:"我未见好仁者,恶不仁者。好仁者,无以尚之;恶不仁者,其为仁矣,不使不仁者加乎其身。有能一日用其力于仁矣乎?我未见力不足者。盖有之矣,我未之见也。"

——《里仁》

意译

孔子的一切理念,其核心就在一个仁字。所谓"仁",就是用自己的爱心,去对人、对己、对事、对物。这有两个层面:一种是他的本心就是爱好仁道,所以不必勉强就自然而然发挥爱心以面对一切;另一种是憎恶不仁,所以他就不使不仁的事情沾染到自己的身上。但一般人总认为仁的理想太高远,不是自己可能做到的。孔子为了纠正人的这种心态,所以诱导人说:"有能在一天之间奋力来实践仁道,就必有其成就,我从没见过要行仁而力量不够的。"

忍辱

文艺圈的朋友，往往将名誉看成第二生命，因此对褒贬非常敏感。突然想起十几年前的事，当时我曾应文化中心之邀，展出我自美国大峡谷写生的作品，其中一件长卷，全长有二百尺，造成一时盛况。就在展出期间，有位道上的朋友，却在报纸上指名道姓，写了一篇长达两三千言的文章，评论的不是作品，而是人身攻击：从我年轻写到当时，从起居生活写到沽名钓誉，没有一事让他顺眼，行文措辞尖刻，夸大渲染，活像是场斗争会。我与此君，素昧平生，此君何以对我如此关怀，真是令人匪夷所思了。许多同道中的朋友，为之愤愤不平，或主张打笔墨官司，或建议兴师问罪，乃至有对簿公堂之议……而我选择了息事宁人，就有朋友讥我为弱者，我则默而不答。

噫！世间无妄之灾、横逆之事何其多，此不过不幸发生在我身上之一件而已。当时的心情，凭良心说又何尝不痛苦呢？但退一步想想，他有此不平之气，能借之发泄一下，对他有好处，何尝不是一件功德？佛家云：宿世因缘，撒也撒不完，何不借此消灾？在人生道路上，多个考验，多个忍辱自省的机会，又未尝不是件好事。尤尤怨怨，风风雨雨，古今中外几曾休歇过。眼前横逆当作是无妄之灾，也就心胸坦然了。息事于忍不是弱者，坚持计较亦非强者。有容乃大，无欲则刚，则是仁者。在纷纷扰扰中，想起古人有首诗说："四邻侵我我从伊，毕竟须思未有时。试上含元殿基望，秋风秋草正离离。"平坦的人生大道上，为什么要摆着那么多的酒、色、财、气来障碍自己呢？

君子的德行修养，虽然不常见过，总不能充耳不闻也。

里仁篇・士志于道

士志于道

原文

子曰:"士志于道,而耻恶衣恶食者,未足与议也。"

——《里仁》

意译

孔子说:"读书人就要专心追求学问,修养道德。如果仍以自己的衣食恶劣,不及他人为可耻,那么他的心仍在物质享受上,就不值得来和他谈论义理了。"

安贫若素

艺术家何人杰，一向自认是走在时代尖端的"新人类"，他从衣着装饰到家居装潢布置，无不令人有着前卫新鲜感。多年前，他家顶楼改修一间茶室，请我为他绘幅水墨画，我以一幅颇具禅趣的作品应之，从此结下莫逆之缘。

小何率真可爱，一见面就批评我："您有这么'厚'的火候，可是在人海中打滚，很难一眼看出您的特质，由于您的穿着格调太平凡了，才显不出艺术家的气派。"并劝我改变"造型"。也许一般认为艺术家要有一定的造型，留着长发，蓄着大胡须，一副不修边幅的样子，言行略带怪诞，给人有浪漫不羁的感觉。这个道理，我何尝不清楚？只是做不来而已，可能限于火候关系，所以与小何不能产生"共识"。

我以为艺术家的特质，与儒家思想有着异曲同工之妙。譬如一个有志于弘道的人，其实质意义有如宗教家的精神，以入世救人为德业，专心于"道"，不停不歇去实践，并且对所施所惠的对象、环境，不计优劣，不作选择，更不起避苦趋乐的心态来力行不怠。能怀着仁心的君子，对自身的需求，必然"安贫若素"，一切物质欲望，皆趋于淡泊，不起贪图享乐的念头。以范仲淹在《岳阳楼记》所说的"先天下之忧而忧，后天下之乐而乐"为抱负，这就是儒家"志于道"的目标。

因此，艺术家的"修为"与儒家的"弘道"的精神有相通的气脉。我的朋友中，有些远涉非洲蛮荒之地，寻求化外的人文礼俗，作为自己作品的灵源；也有些自愿放弃显赫优越的身世，深入穷乡僻壤，或异国蛮荒，潜修苦行，造就一身嶙峋，来滋润作品的生命。像这些甘冒艰辛困苦，为艺术奉献者，他们内心世界只有性灵的光与热，自然与现实生活有所脱节。虽然不修边幅、不计毁誉，也自有其可敬可钦之处。

若一个弘道者，时时不忘物欲享乐，必然心与道违，但存喜恶，只见名利，又怎能实践道本呢？艺术家如只在标榜造型，而心不存诚，无非是矫揉造作。奇装异服，招摇过市，纵然可能产生惊世骇俗之效果，然其神色仪表，以及作品中，却充分显示着内荏与贫乏，只是借服饰之怪诞，用于欺伪而已。这与贪图享受、徒求夸饰而不务道本的学者，又有什么差别呢？

子曰事父母幾諫見志不從又敬不違勞而不怨
里仁篇嘉言 江逸子

里仁篇·事父母幾諫

論語畫解

事父母几谏

原文

　　子曰："事父母几谏，见志不从，又敬不违，劳而不怨。"

——《里仁》

意译

　　孔子说："做人子的平日事奉父母，如发现父母有过错，应该用和悦的神情、柔和的声色去劝谏。如果见父母的心意不肯接纳这谏言，子女仍要同以往一样地孝敬，而不敢有所违逆。只是在心里忧念，却不可有怨言怨色。"

孝是真情

宋儒尝以"天下无不是之父母"作为阐扬孝道的名训,今有学者,曾予以诸多批评。若详加研判,此话对于孝之本质与其实践,皆无不妥之处。然而行孝则应就现实情况,作适度运用,方不失其本质,而这就要看子女的孝心及智慧了。否则不但违背孝道,同时损及自身,陷于不仁不孝之过矣。由此可见,行孝不离情理与诚心,绝非颟顸刻板,或食古不化的。

曾有一企业家,麾下有多间关系机构,员工有上千人。其公馆,假山池水,占地有二千余坪,气派非凡。堂上二老年逾古稀,膝下子女六人,三代同堂,一门和气。主人谦冲好学,并嗜文艺,与我偶有来往,其人事亲至孝,因而我素极敬重。

初时,闻其父母习性刚毅,且又勤俭节约,曾经于其豪华公馆后院,以铁皮木板架设一屋,内中畜养了四五头猪,并于幽美的花圃边缘,遍植地瓜及野菜等,以供喂猪之需。二老每天为猪清洗喂食,忙得时感体力不支,却又不肯让人插手。同时饲猪不只影响了环境观瞻,还破坏了卫生品质。家人虽有异议,却不敢直言谏阻,恐令二老不悦。因此往来客户,无不啧啧称奇,引为话题。

这位企业家多次沟通,谏请二老放弃饲养,却遭老父严厉指责,并叱说:"做人不可忘本,若嫌我等麻烦,我便即返乡下,自奉自给可矣。"使其子不知所措,再也不敢劝谏了。一日,他向公司安排了一个月的休假,摒绝所有的应酬,全心全意在家陪二老养猪。从种菜、施肥、煮饲料,以至喂食、清理粪便等工作,都亲自动手。二老起初颇为欢欣,但不久觉得奇怪,就问他说:"你何不去上班呢?"他则恭敬禀告说:"您老年事已高,此等家业若不传承,岂不是舍本逐末吗?"二老从此默然。次日即唤来一位远亲，将所有猪只及用具，悉数遣送掉了，此举终于解开了三代间的鸿沟。

　　人非圣贤，孰能无过。世间之过无非起自固执于"知见"，往往知见之差异，即造成鸿沟的深浅，如肯各让一步，自会重见一片青天，没什么不能沟通的。我国自古以五伦为社会的规约，人人各守其分各尽其职，而皆以孝道为基石，彼此恭敬谦让，不但可消除纷争，并能增进人际关系。不然，纵是你拥有再高的权位、再大的财富，或多么渊博的学识，一旦人际关系不良，不管表面如何地风光，其内心的空虚彷徨，是可想而知了。

　　孝是我中华文化之精髓，乃秉天布诚的德性，不是任何文化或学说可以取代的。是故，人若失去了孝道，一切人生的道义，诸如教化、施仁，以至忠诚，皆不着实际，成为空谈。的确，旷古以来未曾闻有不忠不义的孝子啊！谚云："百善孝为先。"思其意，验其理，言虽俚俗，其义实深远矣。

子曰古者言之不出
恥躬之不逮也
里仁嘉言 江逸子

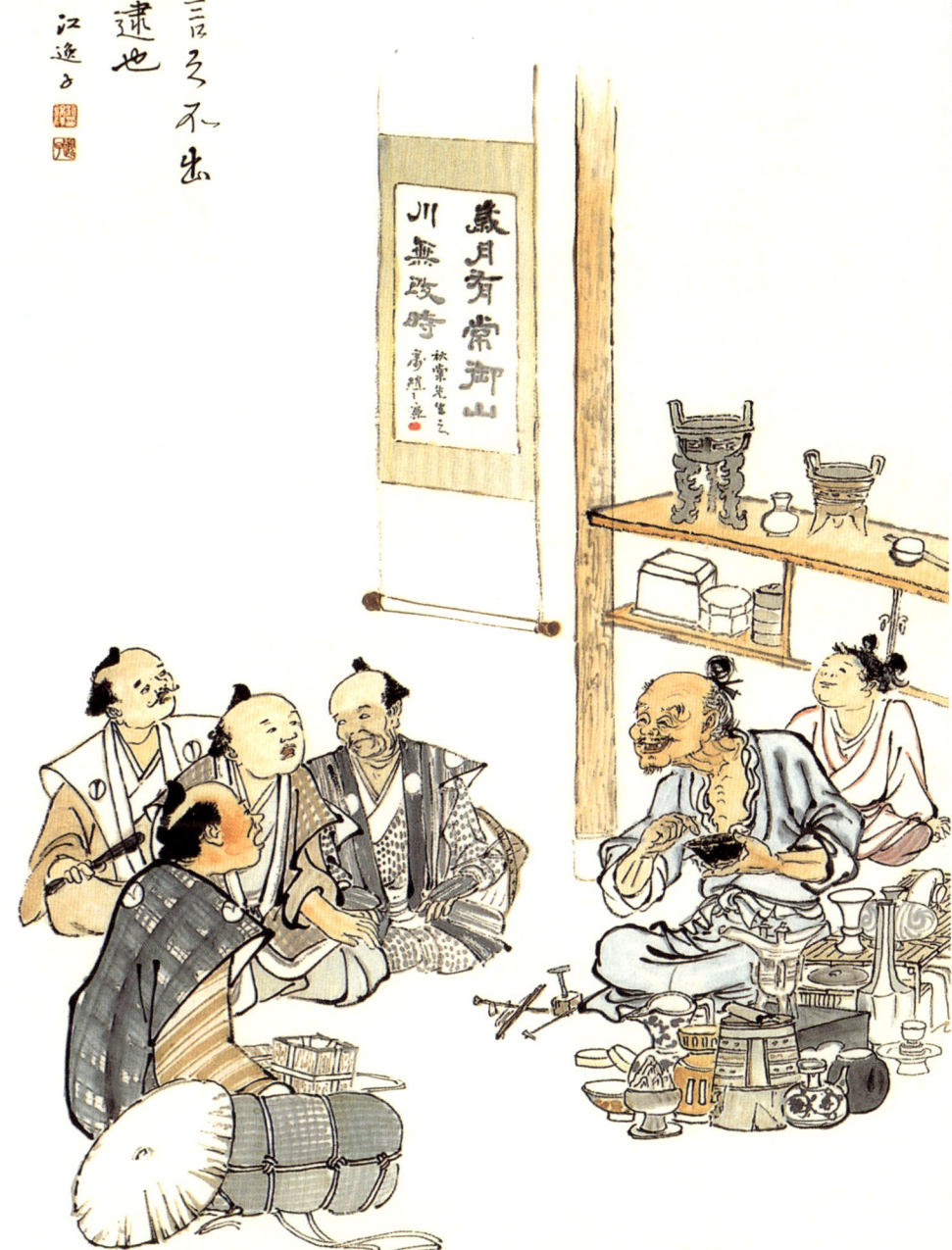

里仁篇・古者言之不出

古者言之不出

原文

子曰:"古者言之不出,耻躬之不逮也。"

——《里仁》

意译

孔子说:"古人对讲话非常慎重,从不随便发言,因为唯恐讲出去的话,不能做到,有伤信义,这是做人最大的耻辱。"

瑕不掩瑜

关东大地震是一次极具杀伤力的灾难，夺去了日本不少生命财产。当时东京国立美术馆珍藏的历代文物，遭到波及，也是在所难免。其中有件被视为国家重宝的"宋建窑黑釉油滴碗"（又称"天目茶碗"），震出一条约三厘米长的裂痕，急坏了日本文化界人士。

美术馆一次又一次地邀集许多日本知名学者专家，以及陶艺宿老，商讨如何修复旧观。在疗视的过程中，专家们也发表过多篇专题论文与科学上的推理文章，终得不到圆满的解决方案，原因是：文物的裂痕不比缺口来得单纯。由于裂痕在温差湿度刺激下，会继续恶化，因此绞尽了这批专家的脑汁。

在无计可施之下，有位读汉学的老人提出一套解决之道说："这古瓷，来自中国，我想中国人必有方法修复。"他这建议，有如惊醒梦中人，全场的专家学者，无不为之愕然而惊叹说："对啊！这么简单的事情怎么没人想到？"于是无异议通过，将这件重宝送往瓷国故乡。

古瓷在极端慎重保密下，被投保了巨额的安全险，并有专员护送直达北京。日本方面与北京文物修护人员会商，陈述了震灾情形，并携带多件科学研判文件与论文，提供给修补时作参考。修护人员耐心地听完既紧张又详细冗长的报告后，笑着说："请放心，没问题，很简单，半个月后准时来取件好了。"刚毅果决的口气，使日本人觉得不可思议。虽对中国人的智慧仍有着几分疑虑，他们还是将重宝留置下来了。

半月将届，东京人员齐至北京客栈等候，时间一到如约前往领取。但见这宋建窑油滴天目茶碗依旧如故，只是在裂痕处多了两个卯钉扣住，乃预防日后持续恶化而已，不加修饰，果然简单、明了又安全。当下东京专员个个愣住了,啼笑不得,不知所措。此时,有位比较年长的北京修护员说:"有破损,就应该承认其事实,就算修补到完全看不出器表的痕迹,然而这裂痕仍然永远存在,又何必伪装造假来自欺欺人呢?并且也破坏了原物件的真实性。也许在本器表面留下两个卯钉,确是不甚美观,不过它的真实性并不因此而受到丝毫质疑或伤害。同时,从这痕迹中,留下了真实历史的见证,这不也是更完美的注脚吗?"

听了这坦荡无华的一席话,前来取件的人员肃然而起,深深地一鞠躬说:"承蒙指教,铭感至深。"载诚载恳地将重宝奉迎回去。

上述故事真实性如何,且姑妄听之。而最后的这席话,当值得深思。诚实为人之本色,瑕不掩瑜,君子之美德也。世上最可怜的是时时在掩饰自己缺失,而不自悟者。求缺守拙何尝不也是美德呢?

公冶长篇
gong ye chang pian

論語畫解

子曰道不行乘桴浮於海從我者
其由與子路聞之喜子曰由也好勇
過我無所取材　公冶長章

歲次甲戌二月　江逸子

道不行

原文

子曰:"道不行,乘桴浮于海。从我者,其由与?"子路闻之喜。子曰:"由也好勇过我,无所取材。"

——《公冶长》

意译

孔子周游中原各国,各国君主对孔子都很尊敬,但不敢采用他的主张。因此他的理想不能施展。于是孔子感叹地说:"只有坐船到海外去寻求行道的机会了。而能伴随我乘风破浪、冒险犯难的,恐怕只有由(子路)吧!"子路听了,因为得到老师的赏识与重视,而非常欢喜。孔子看他喜形于色,就说道:"由啊,好勇的习性超过于我,可惜对事理的认知,却不能细心裁度。"

法滋多贼

有天，我家的小孩驾车被开了张罚单，在晚餐时发起牢骚。问他原因，其实只在违规边缘，因遭受告发而心有不平，他责怪法规订定不够周详，容易使人误触法网。

我则不以为然。今日我们的法规不但周而且密，不但严而且近乎苛，这是怎么说呢？

现在的人往往困于知识而昧于良知，只知法律而不知尊严。知识固然重要，良知不能不顾；法律固然要守，道德不能不顾。知识是学问的泉源，有知识而没有道德心来维持，社会必然混乱。现代人往往责备人家缺乏公德心，殊不知公德缘于私德，人人有私德，天下才有公德，责人以严，待己以宽，只是舍本逐末，空谈高调，于事何补呢？

为什么说法不宜过密，当知"网愈密则漏洞愈多"的道理。君不见乎，影视常演战争片，敌人侵袭阵地，很少由正面破门而入，大多是迂回其三面乘隙而入。网密则细，细则脆弱。何不宽其法网，增其德业，教之化之，相信争执兴讼者就减少了。如果能让律师转业，让法院兴学，不知该有多好呢！古人云："不教而罚是谓苛。"法律是治国之规范，全民共遵的准则，旨在"刑期无刑"，使人知所自重，莫蹈法网。

一个社会及至国家的行政，如果只用法律来约束人民，何啻于牧场管理？须知人能设立法律，就有挣脱的能力，一旦得逞，往往引以为傲，毫不知耻。如果误触法律，能让人引以为耻，而深感自己有失道义，这才合乎真正的德政。

子曰吾未見剛者或對曰申棖子曰
棖也欲焉得剛 公冶長章 逸子

公冶长篇·吾未见刚者

吾未见刚者

原文

子曰:"吾未见刚者。"或对曰:"申枨。"子曰:"枨也欲,焉得刚?"

——《公冶长》

意译

刚是坚强不屈的意思。一个人如果能够意志坚强,不屈从别人的摆布,本着自己独立的人格来对人对事,我们就可说他是一个刚强的人。但是这种人不但现今难得,就是古时也不多见,所以孔子才有这样的感叹。当时有人认为一个名叫申枨的人,外表看起来勇武刚强,大概就是孔子所想见到的刚者。但孔子却说,申枨这个人内心多欲望,就不能称为刚强的人。因为内心多欲望,或者贪财,或者好色,甚至为争名夺利,就无所不为了,这种人怎么能够理直气壮,意志坚强呢?

卖画

赵君水椿与我同乡，少我两岁，情同手足。他聪慧强记，悟性又高，有鬼才之称。工小楷、擅行书，青年时就读师专，学校近邻我家，尝借宿水月庵。

某次，参加一个公办美展，我以国画，赵君以书法囊括首奖。展览临结束，主办者林先生告诉我说："省'议会'秘书长订了您这幅画，要您展后将画亲自送往省'议会'找他。"并留下名片。在当时，肯花钱买画的人不多，若非良好人际关系更是困难。领回作品，赵君即催促速将画作送往，得了钱，可有段好日子。卖画，我的观念始终是——随缘。况且是个素昧平生的人，心里感到十分踌躇。于是借了赵君的单车，从水月庵向雾峰骑去。上午十一时经传达者带上"议会"二楼，在办公厅会晤了这位长官。

这位长官一直夸奖拙作，使我倍感温馨，后来问起这幅画的润例，反感难为情。既是知音，就半作人情，于是只开价一千二百元台币。长官说："润例很合理，只是你还年轻，我为的是鼓励你，给你八百如何？"当时我为之一怔，深感不平，于是默默地将画卷起，向长官鞠躬说："谢谢关照。"掉头下楼而去。那时他也愣住了，急着说："江先生等一下，有话好商量，你的意思要多少？"我说："谢谢您的鼓励，我相信您的眼力，也许我对自己作品评价太高，因而感到惭愧，我会更努力，将来达到这标准，再来请教您。"他又说："那我就给你一千二好了。"但是我充耳不闻，跨上单车折回归途。

赵君见我原件携回，问了原因，并责我"不识时务"，我对赵君说："我但知雅与俗，时务与我无关。"

子謂子產有君子之道四焉
其行己也恭其事上也敬其
養民也惠其使民也義
公冶長章 江逸子益畫

子谓子产

原文

子谓子产,"有君子之道四焉:其行己也恭,其事上也敬,其养民也惠,其使民也义。"

——《公冶长》

意译

子产是春秋时代郑国的大夫公孙侨,子产是他的字。孔子对他的为人施政,非常赞美,说他合于君子之道的有四项:一、他为人做事很谦恭;二、他对上面的君长很敬谨;三、他对人民的抚养治理很有恩惠;四、国家如有需要,必须征调民力,为国服役,他一定遵循义理,合情合理去执行。

文化是人生的根本

几十年来，我们国家不管在人文、科学、政治、教育、社会伦理等各方面，始终徘徊在东方与西方的十字路口，又好像停留在"大胆假设"的实验室中，找不到一双适合自己脚的鞋子，能让我们阔步于这时代的大道上。追溯其原因，只因人们大多仍在研究款式新旧的问题，却忽略了舒适实用的功效。痛的是同胞的脚，苦的是民众的心，可是它还在"小心求证"中。

历史的经验告诉我们，生活的习惯，不管随着时代如何变迁，但人心实质并没有两样，改革只是一种刺激人性的手段，绝对不是自然的定律。

人类的乱源，都是由于贪私欲、昧常理所造成的，在习性上敛财、渔色、争名、滥权、好吃、懒做之外，最可怕的莫过于一些昧于良知的权谋者，与一些别有用心的知识分子，往往为固执己见，满足私欲而兴风作浪，运用他所学的知识与技巧，造成似是而非的论调，惑乱人心，导致社会动乱，遂行其混水摸鱼的目的。

因此，先儒曾说："为学之道，先求敦正品德，而再利用以厚生"；"为政之道，以安民为先，民风不纯，以德教之，使民安定而厚实"。近世纪来，为学从政的人士，得以接触西方文化，借他山之石，慎加评估，择长舍短，来适用于国家建设，这是值得称幸的事。但不能为贪慕新奇的花样款式，而将我们固有的历史文化，所形成的宝贵经验，及人民优良的生活习惯，置之不顾，一味迎合外来的形式与口味，以之强加于民，而使我们国人的生活理念，都成为无根的飞蓬，其衍生的苦痛，就不是"大胆假设，小心求证"所能解救得了的了。

公冶长篇・伯夷叔齐

伯夷叔齐

原文

子曰:"伯夷、叔齐不念旧恶,怨是用希。"

——《公冶长》

意译

伯夷、叔齐,是殷商时代孤竹国君的两个儿子,他们很有道德修养。如果有人对不起他们,或是以恶言恶行相对待,他们从不记在心里,因此怨恨他们的人,也就很少了。

谦让是高贵盛德

多年前，有人乞雪公老师为台中佛教莲社所附属的社教机构大楼命名，老师郑重其事，以"六吉楼"称之。楼未落成，公已乘莲西去，想来令人不胜唏嘘。

当时有的人质疑说："佛教机构，何不以佛辞命名？"雪公说："学问之道，不计教内教外，或佛或儒，唯有谦虚者得益。《易经》八八六十四卦中，只有'谦卦'六爻皆吉，用在求学弘道，为最适当不过了。"

思维雪公这席话，若用于处世做人，何尝不是一方良剂呢？我们从《易经》卦象来看，这谦卦是坤在上、艮在下"䷎"的一个卦象，又称为"地山谦"，显示高山上顶着一块平地。也就是说，当你有杰出的成就，或有崇高的地位时，要去除锋芒，存有平实的心态，功绩越大，越要平凡，万事都作退一步想，凡事留有余地，不傲慢、不居功，这就是合乎谦卦的表现了。因此，一个人切忌运用聪明才智计算于人。好大喜功，嚣张无度，喜欢受人恭维时，倒霉就离你不远了。人若保持七分聪明，八分才智，留着三两分来吃亏，未尝不是福分。

又雪公有一首《观棋》的诗曰："应著人间让子棋，平衡结局最相宜。从无君子求全胜，得意当时是错时。"诗中这个"让"字，就具足了一个谦谦君子的高贵盛德，由始至终全以谨慎自处，实在太美了。读此，不由想起历史上两位中兴名将，一是唐朝郭子仪，一是清朝曾国藩，他们可以说一手夺回已失去的江山，一手扶起亡国的君主，一旦功成，朝廷要他们交出兵权，他们马上就毫无怨尤地交出，韬光养晦，不问世务。尤其郭子仪，数上数下为国效忠，进退有守，最是一位了不起的人物。当他权势正盛时遭受佞臣妒忌，皇帝听信谗臣挑拨，掘了他父亲的坟墓。到后来代宗皇帝对先皇的此举，深感愧疚，可是郭子仪不但没有怀恨，反而慰藉皇上说："臣数十年带兵在外，不知做了多少伤天害理的事，不知也掘了多少人家的坟墓，这种待遇，可能也是我冥冥中的因果报应罢了，望请陛下不必介意。"

身历四朝元老，深受中外朝野敬重，活了八十多岁，系福禄寿考于一身，数古今中外，也只有汾阳王郭子仪一人而已。谦、让二字，其盛德之因果福报也欤！

虽今是民主时代，人与人之间待人接物，更应该有自制自处之道。心存谦虚，复加谨慎，自能圆满无碍。万勿得理仗势，咄咄逼人。心留点余地，必然造福无穷，社会必然更见祥和了。

公冶长篇 · 吾未见能见其过

子曰已矣乎吾未见能见其过而内
自讼者也 公冶长章 古闲江逸子

吾未见能见其过

原文

子曰:"已矣乎,吾未见能见其过而内自讼者也。"

——《公冶长》

意译

俗话说,"人非圣贤,孰能无过",所以犯过是人所难免的。就犯过者的心态而言,有"有心之过",有"无心之过"。有心之过是犯过人明知是过,却故意违犯,这种心态可怕也可恨。无心之过是犯过之人本来无心犯过,却意外造成过失。这种情形,有人认为值得原谅,但也有人认为,他为什么不在起初就注意防范,不使犯过呢?孔子说,一个能发现自己的过失,而由内心深自反省咎责的人,是很少见的。一个人如果犯了过,而不知悔改,那就永远是他的罪过了。

古意

多年前,我友张曦的公司,缺位机要人才,张曦有意推荐我担任,特来征我意向。

我与张曦相交既久,对他的待人处世,冷静好学,向来钦佩。再者,我对自己的能耐,以及个性素养,早有评估。为珍惜彼此间的完美情谊,我坚持不肯接受,并将我适从兰州带回的一块和田"璞石"致赠给他,以感谢故人的知遇。

内子说我们之间很"古意",好像历史上的人物。不错,这种行为,的确在历史上一再"翻版"过。尽管世间的事象有不同的变化,但人情事故并没两样。譬如,《庄子·秋水篇》以涂泥之龟妙拒楚王的征召,梁武帝时陶弘景画牛明志,均是同出一辙。虽然时代不同,他们的高尚遐志及山海逸心,令人敬佩,因此常被后人借镜。

我是何许人呢?当然谈不上老子说的"功成,名遂,身退,天之道也"的人生哲学,但也有所体会。天下事多半毁在"能事"上,能事在字面上说是能干,深入讲却是"好作怪的人",治理事情就怕这号人物了。很少人在"晓事"上用心,晓事是明辨事理,通达人情的学问。因为我只有三分的自知之明,尚有七分是迷糊的,所以不敢接受张曦的厚意。

子貢曰我不欲人
之加諸我也吾亦
欲無加諸人
子曰賜也非尓
所及也
公冶長章

我不欲人之加诸我也

原文

子贡曰:"我不欲人之加诸我也,吾亦欲无加诸人。"子曰:"赐也,非尔所及也。"

——《公冶长》

意译

子贡,复姓端木,名赐,子贡是他的字,善于辞令,长于外交,是孔子的得意弟子之一。有一天他说:"我不愿意别人加在我身上的事,我也不愿把同样的事,加在别人身上。"孔子听了就说:"赐啊!这不是你所能做到的。"

求缺

前清中兴功臣曾国藩文正公，退休后，将他书房命名为"求阙（通缺）斋"，激励自己凡事不作圆满想，做人做事何妨留些缺憾。这里面有着很深远的人生、文化、哲学道理在。对人生来说，知缺可以补过；于经验中，知缺方肯修进；在哲学上，知缺得以达观。

"人是百年一过客，吾生十日九烦忙。"人们所追求的无非是短暂的满足，有谁肯去省思无限的缺失呢？任凭你如何粉饰美好，只不过是刹那间的彩霞，内心深处依旧一片空乏。例如：时有春、夏、秋、冬，人遭生、老、病、死，无一不是缺憾，几曾停留在圆满幸运中？

举个故事来说。纵观唐代中兴功臣郭子仪一生，可谓集富贵寿考于一身。皇帝感念他功在国家，曾经于他退休之后赐他一所汾阳王府。在兴建工程中，一日，郭子仪闲来无事，挂着手杖，到工地巡视，对正在砌墙的泥水匠说，墙基要砌得坚固些。这位泥水匠却对郭子仪说，王爷请放心，咱家三代都在长安，不知盖过多少府第，可是只见房屋换主人，还没见哪栋房屋倒塌过。这位泥水匠说的是祖孙三代实际经验，而郭子仪听后，对人生道理有更深的感悟。

古今中外，有多少帝王、大总统，一手掌荣华富贵，一手握名利权势，身在福中谁还知求缺呢？谁肯借此修德进业呢？看清了世间缺憾，对一切事物人情，则无一不能包容，无一不能顺应。无常的变异，有其自然的常态，做人处世何妨借此怀缺持平的心态，来发挥出高度智慧，以积健为雄的胸襟，允执其中行健不息，何须偏执地在追求圆满上斤斤计较呢？

公冶长篇·宰予昼寝

宰予昼寝

原文

宰予昼寝。子曰："朽木不可雕也，粪土之墙不可圬也；于予与何诛？"子曰："始吾于人也，听其言而信其行；今吾于人也，听其言而观其行。于予与改是。"

——《公冶长》

意译

宰予是孔子的弟子，春秋时代鲁国人，善于言辞。有一天他白天学习时竟然睡着了，孔子看到就很不高兴地说："腐朽的木头，总不能雕刻成理想的器物；秽土筑成的墙壁，是不能粉饰的。我对于宰予这样懒散的人，又何必责怪他呢！"孔子接着又说："从前我对于人，听了他的话，就相信他的行为；如今我对于人，听了他的话，倒要看看他的行为。这是宰予昼寝的事实表现，而使我有了这样的改变啊！"

谈言行

孔门杰士七十二贤，其中又举道德文学兼具者十人，尊为十哲，自非泛泛之辈了。记得少时，乡塾教《论语》时，每以宰予作负面教材，讽其疏懒荒学，留下不良成见，对一位既崇为贤哲者，颇是有失公允，并也不符孔子施教之原意，似乎值得商榷。

一个崇德好学的人，无不以见贤思齐为努力的目标。每对一项学理，未能通达，常废寝忘食、锲而不舍地追究，乃致体力缺乏、精神不振。宰予者，莫非亦是如此之人乎？是故本章显示：夫子之感喟言行与效益的重要性。特举体质不佳的宰予说明：纵然有高远的智慧、精巧的技能，实施于不理想的环境或对象，很难有丰硕的效益，应引以为惕。岂是苛责贤者，有失厚道耶？

昨适有位青年朋友过访，此子诚实可爱，高中毕业后，因家境关系，放弃升学，勤奋持家又肯上进，现已有一份属意的工作，正待努力开拓中。他与我谈起当初未能升学，引以为憾，问我成功之道，以及如何建立好的人际关系等。

我说："读书固是正途，但并非唯一的出路，贵在如何善用所学，并持以恒毅。一个不具才华的人，勉强读书，反成负荷，或因此失掉其谋生的机会。一个心术不端的人，读书却成谋利夺权的私器，更可能还误导群众危害社会。因此我觉得，学不在于多，够用即可。由于年岁既长，接触的知识层面也随之宽广，自然会去吸取所需来填补所缺。若毕生于学，不安于用，不履正途，徒恃才傲物，违悖常理，夫复何用呢？

"至于'人际'，唯诚敬而已。在今日充满冷漠虚伪的环境中，能诚以待人、敬以处世来为人服务，自然令人感到温馨而实惠，就是建立人际关系的基本。不管社会如何偏颇现实，相信人心犹在，良知不泯，诚心敬事必是人心所乐从的。一个人言而有信固然重要，但还须看是否出自诚心，行得完备，这才是落实言与行的品质。所以说'言行不遗小节，承诺不负忠义'。也正是此章'听其言，而观其行'深层的意义。"

　　这孩子很上道，听完此言即欠身说："阿伯！我懂了，一个人说到做到还是不够的，重点在于'忠于信，达于义'上，事情做多而没做对做好，依然愧对言行的。您的启示，我会牢牢谨记着。"从他的愉悦中，我似乎也被感染着几分欣慰。

公冶长篇·子在陈

子在陈曰归与归与吾党之小子狂简斐然成章不知所以裁之 公冶长嘉言 逸子

子在陈

原文

子在陈，曰："归与！归与！吾党之小子狂简，斐然成章，不知所以裁之。"

——《公冶长》

意译

孔子带学生周游列国，来到陈国，为他一再宣扬的圣道苦无施行的机会，而感叹地说："回去吧！回去吧！我那些留在鲁国的弟子们，都是志趣高大，而阅历不足；文理表现有所成就，但仍不知如何裁度矫正自己的缺点。我回去正好可以给予他们适切的指正啊！"

抉择

几年前，应聘在某大学美术系任教时，到课第一天，就有位同学要我作自我介绍。我很简单地在黑板上写了我的姓名，并口述我的住址与工作环境，一直没提到在绘画方面的纪录及心路历程。这个调皮的同学，却直呼我的姓名，并询问其他同学说："可曾听过这个名字没有？"多位同学应答说："没听说过。"当时的我笑了笑说："连我自己也很少听过，由于如此，我始终不敢以名家自居，更不敢以作品傲世，以达到炫耀自己的目的。今日我应聘前来，只是贵校方面要借重我数十年学画的经验和心得，提供给诸位同学作学习的参考，同时我也希望借此机会与各位互相切磋。至于各位想要问的、想要学的，尽量提出，我一定知无不言，言无不尽，会把我所有的倾囊相授。若未能满足同学的需求，我会很识趣地离席而去，决不敢尸位素餐，耽误大家的前程，并且愧对师席。"这番话讲完，课堂上呈现了一片宁静。

青年人的率性轻狂，我深可理解，因为我也曾走过这段历程，满腔热血无处洒，满脑理想无由伸，慷慨激昂，一片憧憬。一切都期待自己去冲击、去开创。尤其生在今天这个知识高涨的时代，人们难有选择"知"的自由。各种思潮汹涌而澎湃，翻腾得让人不知所措。在理论上往往是多元而纷纭，说来头头是道，然而在实践上却又令人孤寂而无助，以致信念全失，动摇初衷。

艺术的道路，严格说来只是奉献，终身择善而不悔，无时不在呕沥中挣扎，当作品呈现时，往往只是包裹的表面，其中生命感染力的蕴藉，又有谁能为之动情呢？时潮与情绪荡漾，激起丝丝涟漪于胸际，唯有时时温故知新，慎作情理的抉择，去芜存菁，熔铸成艺术的"新生命"，如此才是艺术生命绵绵不绝的道理吧！

所幸，这批学生与我愉快地共同度过一段美好时光。他们在我身上学到什么，我是不得而知，然而我在他们身上，却领悟了不少"新生命"的价值与意义。他们毕业的日子，我也随之毕业了，因而我坚辞不再续任教职。

　　校园里的相思树林，夹带着殷红的凤凰花，在嘶嘶的蝉声中，似在催促我回到我的来时路。

雍也篇
yong ye pian

孟之反不伐

原文

子曰:"孟之反不伐,奔而殿,将入门,策其马,曰:'非敢后也,马不进也。'"

——《雍也》

意译

孟之反是春秋时代鲁国的大夫,为人从不夸张自己的功劳。在鲁哀公十一年,鲁国与齐国交战,鲁国的军队战败而奔逃,他却故意走在大队的后面,以掩护鲁军的安全撤退。等大军退到城门口了,他又鞭打着马往前跑,一面对人说:"原来我并不敢落后,只因为马不肯前进罢了。"

礼是艺术

小王是个很好学的孩子,几年前跟我一位师弟学画,师弟执教很严,让他打好扎实基础。之后小王北上工作,并另拜一位艺坛健将为师。投向名门,我师弟也十分欢心。起初,小王闲时也常来信向我师弟请安。事隔半年,正值岁末,小王寄了张卡片来贺年,竟称我师弟为"某某先生",而不再以老师见称。师弟非常纳闷,我却安慰他说:"古时先生就是老师,并无不妥。"但我心里也觉得怪怪的。孰知事过两年,小王也活跃于艺坛,且略具名声,过年时又寄来一张卡片,突改称我师弟为"某某我兄"。当时见此称谓,我的心情比师弟还难过,虽然师弟没大小王几岁,但在礼貌上未免太离谱了。世风如此,夫复何言。

礼的用途,在于表达自己的诚意,可以维系人与人之间的情感。因此礼很讲究适用,因时、因地、因人都要用得妥贴。尊崇对方,也尊重了自己。而行礼过与不及,都不妥,小则被人贻笑,大则引来误会。在礼的形式表现上,过于繁琐显得奢侈浪费,虚浮而不切实际;如只是因陋就简,敷衍了事,则有失体统,因此不能不谨慎。

礼是人缘的基础、感情的动力。懂礼的人守本分,讲义气,不夺人,不犯人,一切本着仁爱之心去对人对事。不知过去哪位自命先进的学者竟说:"礼是吃人的野兽。"其实礼不但不吃人,绝对是为爱人而作的行为规范。人一旦无礼,那比禽兽还不如。老虎喂饱了就不再贪吃;家养的狗你不喜欢它,它到外面找吃的,而后又回到你家来看门。人啊!既贪心又多欲,没有礼怎么约束呢?

人不要因为有了学问就忘了道德,不要忘了"一天好过,不如四季平安"的道理。如果名闻利养建筑在贪得之上,一不小心就身败名裂,那时候再来遵礼而行,可就来不及了。朋友,礼是发自诚心的行为,不是冲动的,它可让人终身受用,用得好,更是很美的艺术表现呢!

雍也篇・孟之反不伐

論語畫解

子曰賢哉回也一簞食一瓢飲在陋巷人不堪其憂回也不改其樂賢哉回也 逸子

贤哉回也

原文

　　子曰："贤哉，回也！一箪食，一瓢饮，在陋巷，人不堪其忧，回也不改其乐。贤哉，回也！"

——《雍也》

意译

　　颜回是孔门中德行最好、领悟孔子道理最深的学生，也是孔子最心爱的弟子。只可惜他的家境清寒，生活贫苦。饮食都没有合用的碗盘，用竹篮盛饭吃，用瓠瓢舀水喝，住在穷陋的街巷里，一般人都受不了这种困苦，而颜回却总不改变他的人生乐趣，因此孔子一再赞美他的贤德。这就是因为颜回能求道得道，而安贫乐道呀！

忆水月庵

记得一九五几年间，当时我是一贫如洗，所住的是向军眷村借来的破宿舍。家当只有一床破棉被，几件旧衣服；从废墟中捡来一张被丢弃的桌子，充当我的画案，一个木制肥皂箱，权充坐椅，却陪我度过十几年的寒窗生活。

每月由同学介绍画三张插图，赚得三十元稿费，可以买米，不够的话，野菜也可充饥。陋巷中，门前手植垂柳一株，自己窃比为颜回；又暗慕是陶潜，除了读书和习画外别无所嗜。从不赊欠人情，更不向友人借贷，清风为戚，明月为朋，因此将住处题名曰"水月庵"。

某日，吾师阜甯杨夫子溯吾先生，路经陋巷，顺道来访，看到室内如此寒伧，所让的座位却是肥皂箱，所奉的茶杯，竟是我唯一的饭碗，不由得老泪纵横。临去时他紧握着我的双手，感喟地说："你如此养志，将来若无成就，天负你也。"当时听了这番话，心中无限感激与惭愧，衔泪拜谢老人家的期许。

雍也篇·孟之反不伐

弟子孰为好学

原文

哀公问:"弟子孰为好学?"孔子对曰:"有颜回者好学,不迁怒,不贰过。不幸短命死矣,今也则亡,未闻好学者也。"

——《雍也》

意译

鲁哀公问孔子:"弟子中谁是最好学的?"孔子回答说:"只有颜回最好学。他从不把忿怒转移到别人身上,也不重犯同样的过失,但不幸他生命短暂,很早就死了。目前还没听到真正好学的人。"

海伯的话

海伯是个传奇人物，同时也是位可敬、可钦、虔诚的基督徒。他在附近的农业改良场为人义务看管农具仓库，并借宿其中。平时以拾荒度日，为人负责而木讷。生活极其简陋，一床旧棉被、几个破瓦罐，聚砖为灶、落木添薪，除了几件"百衲衣"外，最珍贵的就是那本《旧约圣经》了。终年夜不闭户，不忧不惧，逍遥自在。偶与牧师来往外，绝少攀缘。即使教会有事劳其传话，顶多站立门外传达，从不登堂入室，语毕调头就走，不曾啰嗦一句，大家都称其为"怪人"。

但海伯与我特别有缘，可能出自"同是天涯沦落人"的缘故吧！每当农场作业收成后，田畦里总是残留着许多淘汰的蔬果地瓜之属，海伯无不专程来水月庵邀我前往捡拾。但也只是在门外传话，若请他入室稍坐，亦照常婉拒不依。

风雨无阻，勤于拾荒工作的海伯，每日挣上十几二十元，一凑足数，即悉数往教会里去"奉献"，二十多年来从未间断，到他去世前，至少也有三十几万之多，这数字在当时，可在市区购栋三层楼别墅。

某日，我照惯例到农场晨读，突来一阵大雨，仓皇躲进海伯住的仓库，适时他正在用早饭，只见一盆五味杂陈的"罗汉饭"，他连吞带咽地用完后，突然对我说："吃饭，只不过是填饱肚皮而已，食物的精美与简陋，入咽都一样，其实生活最重要的是在追寻心灵的安恬美适，才合乎生命的意义。譬如您学佛，我信主，您寻求的是'解脱'，我寻求的是'永生'，名号虽不同，道理是一致，只是在于了悟程度深浅不同罢了。世上很多人，穿的是绫罗绸缎，却掩饰不了内心的丑恶。多一分浮华，增一分贪欲，穿的意义不过是遮体与保暖而已，'衣物愁污不愁旧，忌破不忌补',就像人与人之间交谊,不嫌交久却嫌不谅解,唯恐彼此猜忌污染。因此,时时须自我反省,有过就得改,也是与衣物有破损就要补有其相同的意义。'贪一分安乐,增一分束缚;多一分自私,少一分福分。'因此,人家笑我穷,我却很开心。别人有钱往银行里存,又怕惹人眼红,我有钱就寄给上帝,最稳当。将来我一旦蒙主宠召时,就是活在天堂里的富翁,不像那些人,存的都是别人家的钱,带走的却是自己的烦恼。老弟!您明白我的意思吗?"

平时不爱说话的海伯,此时却滔滔不绝。这番话不只是鼓励我,甚且有很透彻的真理在里面,确实使我终生受用无穷。

之后没几天的一个早晨,海伯住处挤满了许多教友,我也趋前探望,始知海伯昨晚突然走了。不管他是否蒙主宠召,但肯定是含笑九泉的。海伯这一生,活在清清楚楚、明明白白之中,就像一朵莲花。

教堂的追思会,我是他唯一的佛教朋友,教虽不同而道同。他没留下什么,却留给我受用终生的那席话,足以追思不尽了。

雍也篇·弟子孰为好学

犁牛之子

原文

　　子谓仲弓，曰："犁牛之子骍且角，虽欲勿用，山川其舍诸？"

——《雍也》

意译

　　仲弓是孔子的学生，姓冉，名雍，孔子曾赞美他德行修养甚好。有一天孔子对他说："毛色黄黑相杂的犁牛，属于下品，是不能用作祭祀的牲牛的，但是它生了个毛色纯赤、头角周正的小牛。虽然有人因为生它的母牛系属下品，而不想用它作祭祀的牲牛，但山川之神又怎肯舍弃不用它呢？"此章孔子用比喻的方法告诉仲弓：虽然他的出身不好，但他才质贤良，是不会被人弃而不用的。

功不唐捐

庚戌年，家中经济拮据，贫困不已，月薪之入，不足供襁褓之需，妻室虽巧，亦无奈断炊之虞矣。大丈夫处于斯境，有负妻儿，强云安贫乐道，此谓麻木之私也。

某日，叩寄沤轩禀明师尊，有折节于市之思。夫子则以"犁牛之子骍且角，虽欲勿用，山川其舍诸"示勉。又谓："读书、听话，知而不能广其义，是谓执著；能广其意，墨守而不知变通，亦是执著。皆谓死在句下。""一个求学者，不应固于一器之用。即或长才博学，而未能实用安身淑世，终是庸才。故而读书贵通达，不论摄政、经商、务农、从工，皆要能权巧善用，通情达理。汝之好学灵敏，可胜事也。"于是含泪默许"十年为约"，成败均归席下，坚持不渝。

戊午岁孟冬，夫子召我谒轩品茗赏菊，并贺之曰："汝今之盆景盛名，欲掩过汝丹青之名矣！二者之间，汝将何所取舍乎？"禀曰："十年风尘，虽浪迹于人事与树石之间，实则功不唐捐；浮名薄幸，世俗所欲，虽未能养志，却足可养家抚幼；人事劳顿，现实所需，虽未能称心，却能思维虚实反正，个中诚有真学问之所在耳。""有如世人品茗，但知甘美润喉，而不解苦涩有余韵；世人赏菊，只爱其花朵肥硕，枝叶扶疏而已，岂知零落中另有天机，隐约间自得逸趣。"夫子举杯沾唇，淡淡笑言曰："逸子已懂得如何绘画了。"

十年江湖，风涌波阔，体会了真正静与淡之美，一切生机，无不肇始于斯，险峻至极，终归平淡。一切现象，若不透过静观，皆不得其趣，何以用事传达于作品之中耶？故云："山林可养兴，泉云可调心，花鸟可知性，茶香可解机。心泰物滋，或挥毫，或施剪，意境沛然自得矣。"

诚如，一件事行不通，何妨换个角度，另行探寻出路。一旦有了眉目，重回原位，则豁然天成矣！学艺如此，处事应亦如此，故吾常谓："天未绝人，唯人负天也。"

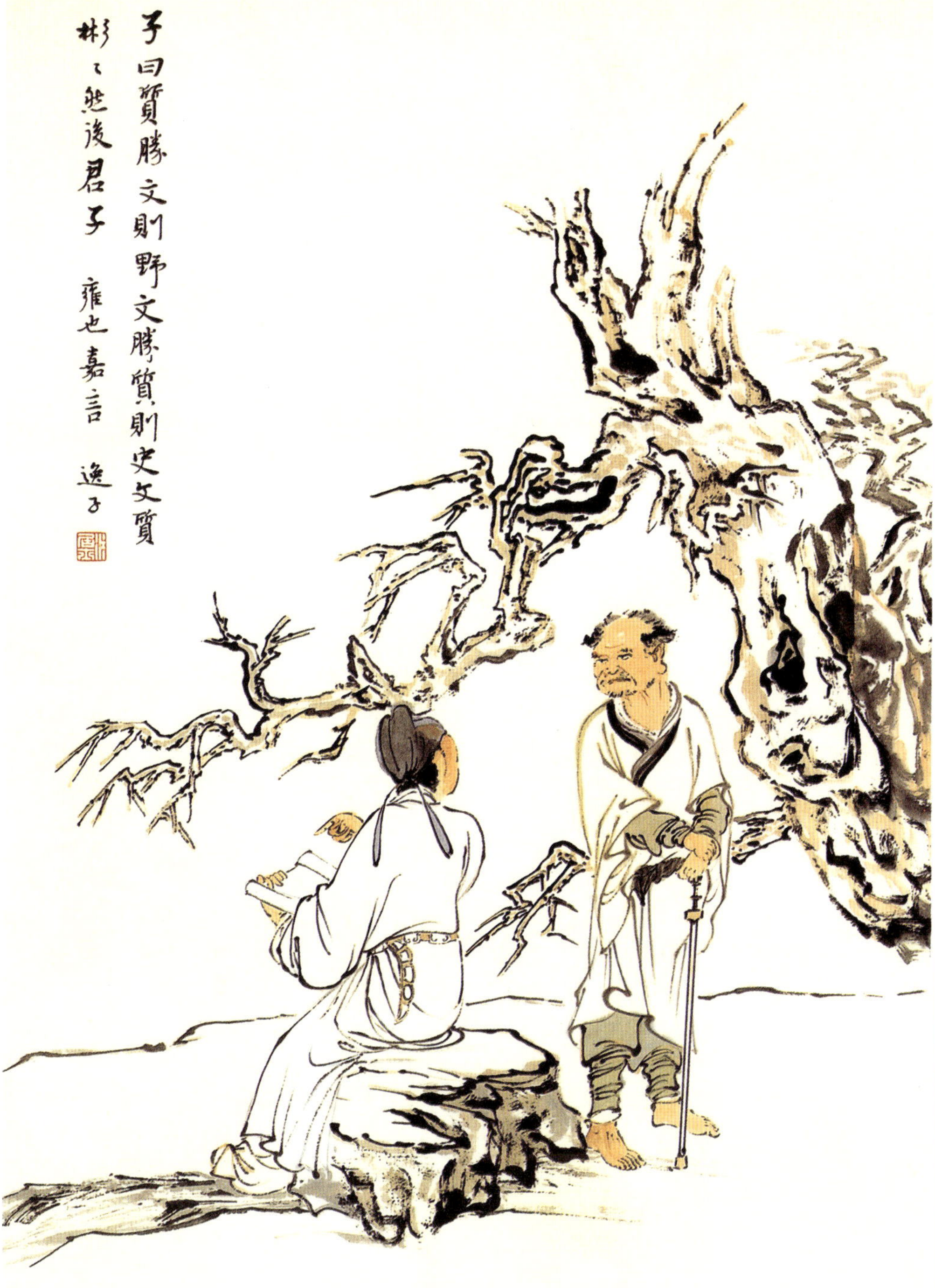

子曰質勝文則野文勝質則史文質彬彬然後君子　雍也嘉言　逸子

雍也篇・质胜文则野

质胜文则野

原文

子曰:"质胜文则野,文胜质则史。文质彬彬,然后君子。"

——《雍也》

意译

孔子说:"人内在朴实的质性,胜过外表的文采,就会显得粗率鄙陋,像是乡野的村夫。如果外表的文采,胜过内在的质朴,就像掌理文史的书吏,只求措辞的华美,而易浮夸不切实际。所以一个人的为人,要外表的文采与内在质朴的心性配合均匀,才能成为一个君子。"

文与质

少年时，曾有两位师长，隔墙而居，一位姓文，是江西才子；一位姓武，是辽北军头。（由于文恐涉及私德，二人皆是化姓，但确有其人其事。）二人都画得一手好画。文老诗、书、画、辞章望重士林，对提携后辈，往往不遗余力，我少年时，荷承垂青，尝求学于门下。武老是我画会中一位前辈，为人耿直率性，一派将军气势，与我却十分投缘，时常赠纸赐墨，交往间亦师亦友，颇为融洽。

一日，我在文府聆教，适有一位名噪艺坛的"上将"画家来访，并携数件其得意作品，来求文老题跋。这位"大将军"平日跋扈狂傲，目中无人，颇受同道非议，此日来访，先递名片请门房通报，不意文老看了名片又斥还守门者，故意大声地说："告诉他我不在，我没资格题他的画，以后不必来找我。"斩金断铁地回绝了。素来大嗓门的文老更拉高分贝，用意就是说给门外的访客听。当时我非常地错愕，文老回头告诉我："一个人若不学无术，又好附庸风雅，用他的背景虚名，到处作威作福，如果与之交往，岂不也成了一丘之貉了吗？像这位老兄，平时不读书，虽有几分才气，却是满纸尘埃，没有一笔不俗气的。像这种人，又喜欢卖弄风骚，只有将风气带坏了……"平时见文老文绉绉的，今天见其言止，不由得为之一怔。想一想原因，相信是有感而发，不无道理。

另日，因事之便前访武老，武老一见面就批评文老那日的言止，甚不以为然，愈说愈激动，最后破口骂了起来："去他的，说什么不读四书五经，难道就不能画画吗？全是骗人的谎言，只要你闯出名气，老子照样财源滚滚，名闻四海，有什么好丢人现眼的呢？别听那老头胡说八道。"

一来一往，只是各人立足角度不同而已，诚挚率真是同样的可爱，言行举止可以令人省思，亦足以为人师。

　　盖一个文化的形成，不离"文"与"质"的调适度。我国古来以农立国，民风质朴，却有丰厚的文采风华，因而形成了优美的文化。假如一个民族没有文化的素养，就缺乏了思想的清和高明，表现出粗犷野蛮的民族性。相反地，只有文采而忽略了原有诚朴的本质，只是聪明，而无气魄，也难开创格局。两者都是导衰致乱的原因。

　　一个人处处显示才华，忽略本质，纵然口若悬河，心细如丝，终是虚伪不实。或固执己见，不通人情，一意孤行，纵然见识高远，也难成大器。回观今之世界各国，无不逞强夸大，不是炫耀其科技领先，就是夸张其军备坚强，或论经济实力强大，或谈政治民主自由。殊不知一切措施，虚浮夸饰，而使自然失衡，而危机也就潜伏其中了。这样忽略了人性应有文化气质的培成，无非是自寻毁灭。

　　一堆废铁，无炼不成钢，一块精钢，不经打磨，终难成利器。人岂不也是如此吗？

中人以上

原文

子曰:"中人以上,可以语上也;中人以下,不可以语上也。"

——《雍也》

意译

孔子说:"对于资质在中等以上的人,可以教他高深的道理;资质在中等以下的人,就不可以教他高深的道理了。"这就是孔子的因材施教呀!

专一恒固

澹宁斋有位江姓女同学，为人忠厚纯真，多年前因产后失调，罹患严重的类风湿性关节炎，遍访名医，长年唯借药石来控制病情，苦不堪言。身子日益单薄，精神亦显格外萎靡，同窗师友无不为之忧心。

去年冬，其与夫婿来访，但见她神采焕然，得知她近来勤练十八式太极体操，配合吐纳调息，不意病情日益改善，且已渐离药物，胃口亦增，元气爽朗。闻是言，见其状，无不为之欣慰。

今岁腊末，复与夫婿来访，气色竟又变得苍白衰弱，问其缘故，始知半年前因胃出血而住院。原来由于兼学太极拳，为了参加团体比赛，悉心投入，勤学苦练而不敢懈怠，不意赛后即出状况，故而住院疗养多日，从此不敢再运动矣。且质疑说："太极拳竟不如十八式体操的效益，究是何缘故呢？"听是言心中有所感悟，则告诉她说："或'学不固'也。当知十八式招招无不以太极拳为宗，焉有排斥之理，应是于用心不妥，或动机不协之所致。初学十八式，志在养病，故专心缓进，心无旁骛，闲适自如，呼息自然停匀，必然受益。而后兼习太极拳，志在参加演赛，时又短促，且招式繁琐，致心生焦躁，必劳瘁心身，赛事完了，必然意志松懈，终于疲累病倒了。"

复又疑问："何以有人同时兼习多套不同拳路者，却不见妨害？"乃答之曰："各人体质因缘有别，潜能自然不同，汝初以疗伤养病为动机，念兹在兹不有压力，专一恒固，当然受用。如时日既久，功力渐深，必有余力旁通别门，或曰'君子不重则不威，学则不固'，其道理应在于此。现为资讯时代，凡事讲究从简便易，事事未能专思笃行，以致形成心无所用、身无所动之病态，轻者不能建立自信，重者精神恍惚无利事功。此皆因贪念徒劳所致，诚非社会之福矣。

"昔尝见一位患肺结核之长者，请益太极拳泰斗陈泮岭先生，先生只授之'云手'一式，平心静气二十多年专心不辍，练成气定神闲，红光满面，竟活到八十余岁。可见专一恒固的道理，可以通用于一切学问，皆可受益也。"

江同学凝思良久，方才欣然说道："清心寡欲，理明事朗，学而能固者，无不出自专一恒固之上也。"

雍也篇·齐一变至于鲁

子曰齐一变至于鲁、一变至于道子曰
觚不觚、觚哉觚哉 雍也篇 江逸子

齐一变至于鲁

原文

子曰:"齐一变,至于鲁;鲁一变,至于道。"
子曰:"觚不觚,觚哉!觚哉!"

——《雍也》

意译

孔子说:"齐国自太公以来,为政急功利,好浮夸,行的是霸道;鲁国自伯禽(周公之子)以来,重礼教,崇信义,还有先王之道的遗风。假如齐国能把霸道改变一下,就可像鲁国一样重礼教;鲁国能再改变一下,就可实现先王之道而行仁政了。"

孔子说:"觚本是一种有棱的酒器。如今除掉了棱,已不成其为觚了。怎能还称它为觚呢?怎能还称它为觚呢?"(另有他解从略。此节意在说明事物应该名实相符。)

老干开花

今年立春，是在大年正月初五。过了元宵，澹宁斋古梅盆栽一年一度的开花，引来许多朋友前来观赏。

其中一位朋友，欣赏着满树梅花，很客气夸奖我一番，接着请教我栽植梅花的技巧。这是很难作答的题目，莳花养鸟虽属小道，若能深入探究，仍是一大学问，小则可以修身养性，大则可治国平天下。其中诀窍，端赖于经验中细心体悟。

就以此盆古梅来说，系三十年前由一位广东籍的老先生，因为他子女不在身边，加上年迈无力培植，而相赠给我的。盆栽，不同于其他生长在大地上的植物，能任凭地质的优劣、环境的变迁而自生自灭；一旦移植盆中，生命操之培养者之手，养得好，它或比土生土长的更长寿更幽美，养不好，小则枯黄，大则死亡。以经验来说，凡事贵在用心对待，否则一切都属空谈。

"万物不离根本"，梅花也不例外。盆栽延续生命，贵在养根为基础，故须定期移植换土。换土时期应选在"归静"之时，也就是在冬至前后。以梅叶落尽，花蕊待发，能保持植物元气之时为最佳时节。用土，应以"斯土养斯民"为原则，兰竹之土虽美，却未必适合梅。移植时为了防止酸化，应剪除腐朽之根，修去徒长之枝，而令其新陈代谢，方能促进成长。正如老子所言："夫物芸芸，各复归其根，归根曰静，是谓复命，复命曰常。"《论语》也说："君子务本，本立而道生。"根稳体健，生命力强，是不变的真理。

至于灌水、施肥、防治病虫害等，皆是后天常识。水多伤根，水少枯萎。施肥适时，有益成长，不适则虞伤身，因此讲究"薄肥常施"，适用在春秋时节，是有它的道理的。病虫害，影响植物的健康，多因环境不良。古梅若能得见阳光，则耐风霜，根深柢固，自然不畏严寒病虫摧袭了。

再其次，是讲求造形之美了。形象出自内在，古梅枝干讲究以老当益壮、历久弥坚为尊。花蕊如玉，贵在玉洁冰心、幽香清远，因此古梅才有所谓"不经一番寒彻骨，怎得梅花扑鼻香"。养梅贵在真心恒惠，过程中才能体悟出"数点梅花天地心"的感受。我非种梅人，然而三十年来却深得"梅心"。承老先生当年付托，交给我的是这个盆，三十年来用的依然是这个盆，从不曾换过。保持庄严的老干，只是老枝换了新枝，但不改原有的精神与气度，以斯土斯民之心，固本求源而已，此外别无窍门。它年年花期不误，岁岁气象犹新，因而赋之曰"老干百年身似铁，寒香千古故人心"来自勉。所以说，诚心接物，物犹如此，何况待人呢？

绵绵不绝、似是而非的经验，由于悟性拙陋，才使得意而忘形。幸而这位要员，涵养颇深，耐心听完我的肆言高论，只作频频点头，未予置评。

述而篇
shu er pian

志于道

原文

子曰："志于道，据于德，依于仁，游于艺。"

——《述而》

意译

　　人的立志，就是确定人生的方向。一个人如果没有志向，就像水面浮萍，只有随波逐流了。人正确的志向，应是把握做人的道理。行此道理有得于心，就要坚定把持，完全凭着天理，发挥仁心爱意去对事。在平日游息中，要借修习礼仪、音乐、射箭（武艺）、驾车、书法、数学以充实生活的内容。

椰树与木樨

　　台湾夏季很长,过了中秋,依然单衫短袖,暑气难消。陈家老伯有朋友从台北带来一些绿豆粉,经伯母烹成美食,邀我分享。晚饭后,老伯留我在院子乘凉,茶香话醇,留下美好回忆。

　　日式的房子,保留着浓厚的唐风,院子不大,却曲折幽雅;好比香茗,足以令人细细品味。园中由伯母与其佣人种植许多花木,有玫瑰、绣球、玉簪等属,花虽美,但总觉得不甚搭调,尤其是角落那四棵大王椰子,最是老伯所厌恶的;倒是原有的那棵木樨树,全家人都喜欢它。

　　老伯说:"种花木可以看出主人的志向和气秉,例如这四棵椰树,四五年前无意中于花丛发芽,佣人将它移植于墙角下,而今直冲霄汉,看起来彪悍而魁梧,其实是大而无当,不成材器;经风雨必定摧折,小则残坏花木,大则毁屋碎瓦,损失可真不小。除了成长快速,就看不出它的德性在哪儿。这株木樨其貌不扬,枝荒疏而不流畅,叶稀少而不繁茂,但它的质地细密,纹理坚韧,所开的桂花花季又长,清馨的香气,沁人心脾,色美而香醇,且可以调成美食,它的德性值得赞叹啊。"

　　听了老伯这席话,好像走过了几十年的人生。虚张声势、自我膨胀者,与那质朴内敛、择善固执者,所焕发出的气息迥然不同,令我若有所思,也若有所悟啊。

述而篇・不愤不启

不愤不启

原文

　　子曰："不愤不启，不悱不发。举一隅不以三隅反，则不复也。"

——《述而》

意译

　　人的学习，要自动自发地积极追求，才有真实的效果。所以如果学生没有"心求通而未通"的积极态度，孔子是不给他开导的；如果不是在"口欲言而未能"的困境下，是不给他启发的。如果举出事理的一端，而学生不能据以推知相关的其他道理，这种学习态度，完全是消极而被动的，所以就不再告诉他了。

循循善诱

"寄沤轩"是雪公老师的堂号,我每周定前去求教。老师白天上班上课,夜里讲经撰稿,弘法利众。心想老师这么忙,我又常来请益叨扰,心里甚感不安,于是问他老人家会不会太打扰。雪公以严肃神情对我说:"对一个有心向学的孩子不能说忙。"听了这话,心里一阵辛酸,惭愧不已,以后求学更不敢怠慢。

雪公每周都很认真看我所作的诗,详细地分析讲评,非常注意诗的气象,不允许词藻中呈现暮气、衰伤气,讲求朝气,即使有所感触,也仅止于哀而不伤。

有次,雪公突然要我下次上课时讲首唐诗给他听。于是我选李白五律《送友人》为讲题,一周来寝食难安,找遍参考资料,并用心推敲诗中的韵味,准备笔记、讲稿,以丑媳面翁的心情讲给老师听。老师闭目微笑着问:"你可听见什么声音吗?"我倾听后说:"没有啊!""有,是哭泣。"我又注意去听还是没听到哭泣声。老师接着说:"声音在地下,哭得很惨,他说他是李白,而且他说他的诗怎么会这么糟呢!"当时我哭笑不得,尴尬万分。于是,老师将此诗重读讲一遍,由景入情,从近而远,实叙虚写……将整首诗的气氛、感情阐述得淋漓尽致,就好像李白亲临讲述当时的情境。老师的风趣幽默,循循善诱,并且以"不愤不启,不悱不发"的方法来教学,由此可见一斑。

叶公问孔子

原文

　　叶公问孔子于子路，子路不对。子曰："女奚不曰，其为人也，发愤忘食，乐以忘忧，不知老之将至云尔。"

——《述而》

意译

　　叶（音社）是楚国的一个城邑，此地的大夫僭号称公，故称叶公。他向子路问孔子的为人，子路不给回答。孔子知道了，就对子路说："你为什么不回答，说他的为人，日日在奋发努力，追求进步。在积极进取中，几乎忘了饮食。如果求有所得，就快乐得忘记了忧愁。终日埋头苦干，把自己的年龄也忘记了。"

捷径

台中市西区的"模范村",早期日据时代名叫"大和村",幅员蛮大,东边为高级住宅区,每户占地八十余坪,西面为军眷区,每户四十来坪,分配二三户人家居住,我就借住在西面。高级区内不乏权要人士,西面则是些士卒杂役、升斗小民。但中间不曾设鸿沟围墙,因而有人说是"龙蛇杂陈",也有人说是"藏龙卧虎",在我感觉是地灵人杰。

少年时的玩伴,就不分东、西了,也不曾有公子哥儿们,也不曾有草根小虫,只要天真无邪,都能玩在一块,如今追忆确实蛮值得回味。

我与欧君,从小就对绘画都很执著,只是他家的环境比我好得太多。高中后,他走上前卫画派之路,观念上自然比我先进不少,并且在当时他就有过很好的成绩,然后旅居国外,也闯出一片天空。

五年前,他应国内艺术团体之邀,回国讲学。阔别四十年,相见是无比的喜悦。谈起往昔,有说不完的趣事,也道不尽的辛酸。据他说现在不走前卫了,想在中国水墨画上下工夫,这是值得兴奋的事。我说:"前卫好像啤酒,越新鲜越好;国画则如陈酿,越陈越香。这是东西不同的文化,自然有不同的观念。"

某夕,欧君在我的画室,问说:"以你四十年经验,国画可有快捷方式走吗?"我说:"有!不跑冤枉路,就是捷径。"他临辞别之前,特别要我写了这句话,给他作个纪念。

三人行

原文

子曰:"三人行,必有我师焉:择其善者而从之,其不善者而改之。"

——《述而》

意译

孔子说,几个人一块走路,其中便一定有可以为我所取法的人:我选取那些优点而学习,看出那些缺点而改正。这样见了好的学好的,见了坏的就自我反省,防被污染。这就是随时随地,任何人都可做我的老师,自己也就无处不可学习了。

记张大千先生之风仪

一九七七年六月初，大千先生要来看我，由省一中前校长宋静老代为安排，当时我万分惶恐难当。先生与我素昧平生，他蜚声四海，而我名限三村，何有如是荣幸呢？原来是先生畅游日月潭、溪头等地，回程路过台中而顺道来访，说要亲赏我徒负虚名的盆栽。按礼貌规矩，不宜长辈先来看晚辈，于是与校长商议，先在友人许东火先生公馆会晤，由于许家盆栽多为我所指导的缘故，如此也合乎礼序。

大千先生一见面，即问起我与画家江逸子是何关系，我说："即是区区晚辈。"（我在盆栽界不用此名。）先生记性惊人，说他于十余年前在先师彭醇士素公处得睹拙作，印象深刻，指出拙画胎息唐人五代及两宋仪规，偶兼寒玉堂风范，前人云"行家心似镜"，一点不含糊。

后来回拜先生，一进入摩耶精舍（大千先生故居），有置身画中的感觉。往后每次拜谒，先生总是说我不远千里前来，诚挚厚待，优礼有加，令人如坐春风。品茗赏画，更亲聆教益，纵谈古今中外，论文化，说因缘，宛若随风珠玉，句句珠玑，至今犹历历在心。

我敬先生如师尊，先生待我如兄弟。大千先生为一代画坛宗师，待人却如此平和宽厚，一点凌人架势都没有，其风范令人感念不已。

若圣与仁

原文

子曰:"若圣与仁,则吾岂敢?抑为之不厌,诲人不倦,则可谓云尔已矣。"公西华曰:"正唯弟子不能学也。"

——《述而》

意译

"圣"字的解释:一、于事无所不通;二、道德修养至于极高境界;三、凡精通一事,而无人能赶得上他的;四、至尊无上的称谓。后世尊称孔子为"至圣",就因为他对上述条件,无不具备,而孔子却认为自己仍不能达到圣人的地步。至于仁人,简单来说,就是能以爱心对人对事,孔子也认为自己未曾做到。他只承认自己是在朝这方向去努力,并以不厌不倦的心态,一方面自我实践,一方面教化众人。他这种谦和自居、与人为善的用心,是最值得我们尊敬的。

清净琉璃

　　尝闻旅游家赞叹川北九寨沟之水，堪称天下第一，心想就是水，充其量清澈无污染罢了，说实话能达到这标准，在都市丛林中已是甚难而稀有了。

　　去秋，陪几位同学自甘南入川，驱车过临洮，经藏传佛教圣地拉卜楞寺，转若尔盖大草原进九寨沟。一路辽阔高原，一望无垠；其中风土民情多是我前所未见。当进九寨前数十里引道中，已感觉到无比幽宁而恬适，面对毫无尘嚣的山区，反觉得外来文明是不必要的干扰，深感污秽的罪恶。山区住民仿若是山水的一部分，敦厚无华，没有繁文缛节，在自然的情理中自在地生活。

　　夜幕低垂，虽看不到窗外美景，周遭却洋溢着花香、土香以及涤尽尘俗的心香，闭目沉思，静静地泛出莫名的喜悦。

　　佛经云："佛告曼殊室利：东方去此过十殑伽沙等佛土，有世界名净琉璃，佛号药师琉璃光如来……"琉璃是世间瑰宝，生在清净琉璃之中是如何心境，则非凡情可臆度。然而眼前世界正是"山如翡翠水琉璃，润泽寒光柔软身"，此间一湖一海，一泷一滩，无不清净莹澈；而水中行树滋养琼玉，波光悬影顿生七彩香云，聆听山鸟法语，静沐无言玄妙，此中种种无上清净庄严，令人进入醒梦一如之境。

　　藏民说："此处乃我清净圣域，此水为我甘露琼液。"同行建议或乞一瓢，携回宝岛供养，我期期以为不可。我们本也是清净身，因幻境而染，今得沾此法益，当念兹在兹，心存清净，意不起贪念物欲，使法性甘露常住心田，可能比一瓢活泉变为死水来得好。

述而篇·君子坦荡荡

君子坦荡荡

原文

子曰:"君子坦荡荡,小人长戚戚。"

——《述而》

意译

坦荡荡是人的心情态度,平坦开朗,这非君子是做不到的。因为君子的立身行事,一切以道德为准绳,所以做起来理直气壮,问心无愧无悔,自然能够坦然地面对一切了。而小人一切以私心自利为依归,故言行以欺蒙诈骗为手段,希望达到行险侥幸的目的。所以这种人的心态,又怎能不常怀忧惧不安呢?

画水感思

画山水，个人以为水比山难画，山有纹理迹象可寻，水则周流不居，动静无方。

早岁，曾拜读过南宋马钦山画水十二帖，帧帧精彩，笔精墨妙，活泼地道出江、河、湖、海在阴、晴、风、雪中的情态，妙肖生发，气象万千。或骇浪排空，或烟波渺沔，或晴川潋滟，或回波荡漾，堪崇为南宋画水神品。

国画之妙在于雄辩之线条，笔线之浓淡、干湿、起伏、顿挫、曲折、缓急，明灭间由近而远，仿佛中若隐若浮。细加品味，使人由视觉的感观，进入听觉的灵明，似行云变幻，似管弦悠扬，只堪以心灵赏会，却难以耳目穷迹。

观水之德行，其情至柔，其性至刚；高位不居，污垢不弃；沃良田而沐四野，调寒暑而节风云；有予不争先后，行健不舍古今；牧万物而不自恃其能，斋苍生而不自居其功。水之德大矣哉！可以师事也。

述而不作

原文

子曰:"述而不作,信而好古,窃比于我老彭。"

——《述而》

意译

孔子说:"我整理经书,分别把《诗经》、《书经》加以删减,对《礼经》、《乐经》重加订定,将《周易》的经文引申阐释,并依据鲁国的历史而创作《春秋》。而这些工作,都只是传述古圣先贤的道理,并不是我自创新说。由于我一生坚信古圣的典籍,而且爱好实践古人的道理,我私自和我那老彭相比。"

述而不作

　　艺术界的朋友，经常以"摒弃传统"、"独创风格"来标榜自己作品的格调。我也曾为此八字努力过，最大的障碍出自前四字，原因是自己没有足够的"传统"资粮供以消化，天天只在"大胆假设"上苦闷寻觅创新的灵感。几年的恍惚、无数的蹉跎，最后终于觉悟到是自己"营养不良"所致。再也不相信什么"最好的习古，也不如最坏的创新"这般"野狐禅"的论调，在似是而非中断送美好时光。从此重新出发，吸取传统的经验，细细地体味了十几年所谓的"残羹剩饭"的滋养，来充沛自己的信心与体质。再来面对现实来给予"假设"，似乎已有了自己的存在，谱出自己适性的空间。

　　"新"是"旧"的延伸，没有"旧"哪来的"新"呢？譬如说圆是由点所促成的，犹如圆规的两脚，需要一足立定原住点，另一足才能划出圆正的圈圈。智慧的顶端，看一切万象是圆融无碍的，也不存在形式或时空。从传统到创新过程中，必须经学习的空间，由自然变异中得到体悟。比如日前我为《论语画解》的印制，去了趟印刷厂，承老板陈先生昆仲的盛意，领我参观他新引进全套尖端科技的电脑室。老板拿出一片薄薄的小磁碟片说："这里面收纳着成千上万的数据作为存档，往后如需再版时，只要从这小碟片中输出即可。"神奇而精密，令人叹为观止。仔细地聆听，用心来领会，不难理解其中的奥妙处。它的原理，仍然不外乎"粒子"的结构，颇如绘画的理论，以点、线、面来编织各种的画面，只是精密度有所不同而已，然在理论上并无差别。

　　因此，突然想起《华严经》中有云："十方虚空界，一一尘中，皆有世界。"又云"一毛端处，有刹有佛"等。在"微细论"中说到，极精密莫过于极微尘了；七倍的极微尘方成一粒微尘，再加七倍的微尘才成一粒金尘，金尘则可以在金属器的间隙中游履而无障碍，可见得有多么微细。先圣的智慧是"平等观"的，"好古"和"知新"也是平等的，一张薄薄的磁碟片，容纳着无数的资料，岂不就证实了三千年前释迦佛"大千纳芥子"的智慧？由此可见，先圣以智慧来觉照万法，凡人只是用聪明来辨别是非，因而难得圆满。

传统与创新并不矛盾，就以圆规定义来体悟，立定传统的一端为原住点，才能伸展另一端来创新挥画，得到绝对正确的圆径。若两足皆松动，任其驰骋挥洒，虽圈得大，且圈得远，终难以达到适度准确。这个浅显的道理，如用之于人生学养上，或用在政治哲学、商场经理，乃甚至一切，相信是无往不利的啊！

求学之道，贵在于专诚恳切。为学之道，正如孔夫子所谓"述而不作，信而好古"。"信"是诚恳接受于先圣智慧，发挥在"述"的工夫上。因此，"述"字就涵盖着无穷智慧及履行，有着信、解、行、证的道理。绝非是"食古不化"徒然拾人牙慧，做"文抄公"或"炒冷饭"可同日而语了。

論語畫解

子曰德之不修學之不講聞義不能徙不善不能改是吾憂也 述而章

德之不修

原文

子曰:"德之不修,学之不讲,闻义不能徙,不善不能改,是吾忧也。"

——《述而》

意译

孔子说:"一个人平日如果不能追求德行的进修,对于学问不知讲求精进,听到合于义理的事,不能马上去实行,自己有不良的行为,不能马上改过,这都是我所最担忧的。"

惨痛教育

大年新正，惊闻好友李骊先君，于花莲度假赋归，经中横公路而出车祸。由于天雨路滑，加上薄暮视线不佳，归心似箭，情急超车，不料迎面冲来一辆巨型货车，李君一时闪避不及，撞上山壁，反弹掉落到山谷里。虽然轿车性能颇佳，仍导致一死三伤，造成不可弥补的惨状。死的是公司一位会计小姐，重伤的有一位是他的得力助理，严重脑震荡，且有成为植物人之虞。李君本人亦多处内伤骨折，尚须长期医疗与复健。得此消息，曾数度探慰，李君总是一片木讷的神情，不发一语。家人说："他自疚甚深，一时情绪不稳吧！"睹此不免为之鼻酸，同情不已。

李君为人慷慨好义，且甚重感情，近年来于事业上，颇有斩获，并有开拓海外市场之计划。正当盛年，有此成就，身为朋友者，皆不免引以为傲。李君生平嗜爱玩车，家中库房里就有四五辆名牌轿车，有如：宾士、积架、保时捷及凯迪拉克等，又分跑车、房车和礼车，各有不同排场及用途，真是豪华气派。

往年，每当购得新车，李君经常邀我试乘，或奔于滨海公路，边兜风边畅谈各种品牌之性能优异。他常说："开车的乐趣，在于奔放时的快感。好车犹如良马，有着车体与人体结合一致的感觉，是有说不出来的愉悦。"我虽无福消受，但个中情趣则不难想象的。不过我还是再三讽示劝阻他的任性，但他总是回说："安啦！怕什么？不会出问题的，难道您信不过我的机智与技术吗？"

"合乎情理，是谓真学问；讲究礼让，才是真美德。"这是我一贯敬重向往的目标。目前我们的社会，经济十分活络，且有普及的教育，究竟为何令人有着十分不踏实的郁闷与焦虑？追究原因，或许是太过于强调个人的情绪化与权利感，而忽略了人群伦理的高贵性。长期自我膨胀，互为标榜，而使教育沦于形式，道德崩溃而衰微。人在整日劳碌驱役下，失了自我省思的机会，人与人之间尽多猜疑嫉妒，缺乏包容的气度。恣情纵欲，徒然增长自私贪婪的心态，很难有同情与爱心的显现，自然在彼此之间容易发生摩擦，制造事端。

　　俗语说："有才有能，不如有德有学。"礼让乃人伦的秩序，能建立忠恕的美德，富而好礼，才能发挥出磊落而弘毅的胸襟，不骄不傲，谦冲自牧，将不愧为雄才高贵的人格。以李君之旷达聪慧，遭此教训，自当有所感悟，不待赘言矣。

用之则行

原文

子谓颜渊曰:"用之则行,舍之则藏,惟我与尔有是夫!"

——《述而》

意译

孔子对他的弟子颜渊说:"如果获得君主的信任,能有主政的机会,就把我们理想的治国的道理实行开来;如果不能获得君主的任用,就将我们所主张的道理收藏而不行。这种可行就行、可止就止的处世态度,恐怕只有我和你能够做到吧!"

归零

　　唐代天文历算学家袁天罡、李淳风二人，合作一部预言历代兴亡变革之画册。一人作画，一人题谶，绘至六十图时，袁推李背一把，因而停止，于是后人称此书为《推背图》。二人正当为此杰作沾沾自喜，欲想再详加注解之时，突然其先师鬼谷子降临，指责二人已犯天条，二人强作辩解，心有不服。鬼谷子已透视其心意桀骜不驯，此时正巧一只蚊子从前飞过，鬼谷子探手一抓，将蚊子轻握掌心而问二人曰："汝知其命运如何？"二人错愕云："操之师手，如何而知。"鬼谷子斥之曰："汝等真不知死活矣。"又移步门旁，一足跨出门坎而止之，复问："此时吾欲进抑是欲退？"二人更不知所措，鬼谷子复责之曰："真不知进退也。"从此二人不敢造次泄漏天机了。

　　进、退、生、死大关，多少人穷极一生，皆未曾严肃想过，更遑言扪心自省了。尤其在今日工商业高度发展竞争中，人犹如机械，随动力频率而起舞，及至身心疲惫，只是剩出时间来保养，依然在绞尽脑汁，权谋设计，斤斤计较于眼前之利害得失，或在灯红酒绿中自我麻醉。几曾得有一息瞬间，让心身处于"归零"状态，自我反省，涤除烦忧。打开内心之"光圈"，调适行为上之"焦距"，为求心地清明，适情适境而安身立命。故云："司法如秤，心未归零如何公正；算盘虽精，不曾归零如何起算。"人生动静思维，贵在时时反顾归零，方不致迷失烦乱。并能于归零时中，任凭波涛汹涌，终归一泓清水；世事无论如何风云变幻，毕将一场虚空。从生至死尽属缘分，进退之间，是皆人生之艺术过程，美尽在惜缘游艺之间。是故如何保持淡然清明，平凡自处，练达自适，何须求签问卜呢，只求自心淡然，万人如海一身藏，亦可恬淡自足了。

述而篇 · 饭疏食饮水

子曰饭疏食饮水
曲肱而枕之
乐亦在其中矣
不义而富且贵
於我如浮云
述而嘉言

饭疏食饮水

原文

　　子曰:"饭疏食饮水,曲肱而枕之,乐亦在其中矣。不义而富且贵,于我如浮云。"

——《述而》

意译

　　孔子说:"一个人如果能够求道得道,纵然是生活在贫贱的环境中,吃的是粗米饭,喝的是清水,睡觉弯着手臂当作枕头,心中也觉得安乐无比。至于用不合义理的手段,而能得到财富与地位,在我看来也不过像天空的浮云,是绝不会动心的。"

孤云倦鸟

刘兰生老师病了，同学们相邀趋往探视，四十年前师生一场，至今犹是情深意笃，不曾褪渝。记得刘老师曾说过一句话，始终鲜烙在心中。他说："做老师的不单只教你们读书识字，最重要的是教你们如何立世做人。"当时虽尚年小，似乎已能感受到求学的意义了。数十年来仍然牢记，而时以自警。

八十多岁高龄的刘老师，显得格外羸瘦龙钟，但他始终保持着挺直的腰杆，令人望之凛然生敬。他见我们来省，深情款款如故，谈吐间依旧带着无限的喜悦与期勉。老师与我比较深缘，可能出自我们性情相近吧，每次有说不完的话题，十分温馨。

小时候，同学们大多都有绰号，现在见了面，往往想不起应有的姓名，绰号则琅琅上口。其中以"黄大脸"成就最大，目前不但富且贵。从他小时就能发觉"出息"所在，他能言善道，八面玲珑且敏觉性强，在校为风云人物，但却屡被老师指责，要他多学忠厚安分些。而今他飞黄腾达，尤其最近颇受当权人士的赏识，擢升为"核心职位"，集权贵于一身，坐乘一部凯迪拉克黑头豪华轿车，并有专用司机及贴身侍卫。当天前来探视老师，全场显得气氛特别凝重，所幸他是忙人，行色匆匆，安慰了老师几句后即行告辞，老师嘱我代为送客。

临别时黄大脸对我说："大个（我的绰号），我看你气色也不很好，要多注意健康，一年到晚老窝在画室里不是办法。以你的才华，我建议搬来台北，改变一下生活方式，有空随我去打打高尔夫，既可运动强身，又能开拓场面。老实说，以目前我的人际关系，倒是个很好的机会。我的建议，你不妨考虑考虑吧！"老同学每次见面，贵在不分彼此，他虽惯带训示的口吻讲话，宁信其是善意，当不以为忤。只因我大半生过惯平淡无羁的生活，

述而篇・饭疏食饮水

他的美意及设想，唯有欠身一再称谢，并允作考虑罢了。轿车远去，重回老师榻前，突闻老师低声细语："操守与事业孰重？德性与志向何以不能兼行也？令人费解……"

西风脱尽枯叶，旷野一片萧索，离开了老师的宿舍，踏着铺满苔痕的曲径，回首远眺，但见夕空一缕浮云，领着几只倦鸟迢递飞扬，伫立凝思，而不知天色既晚。

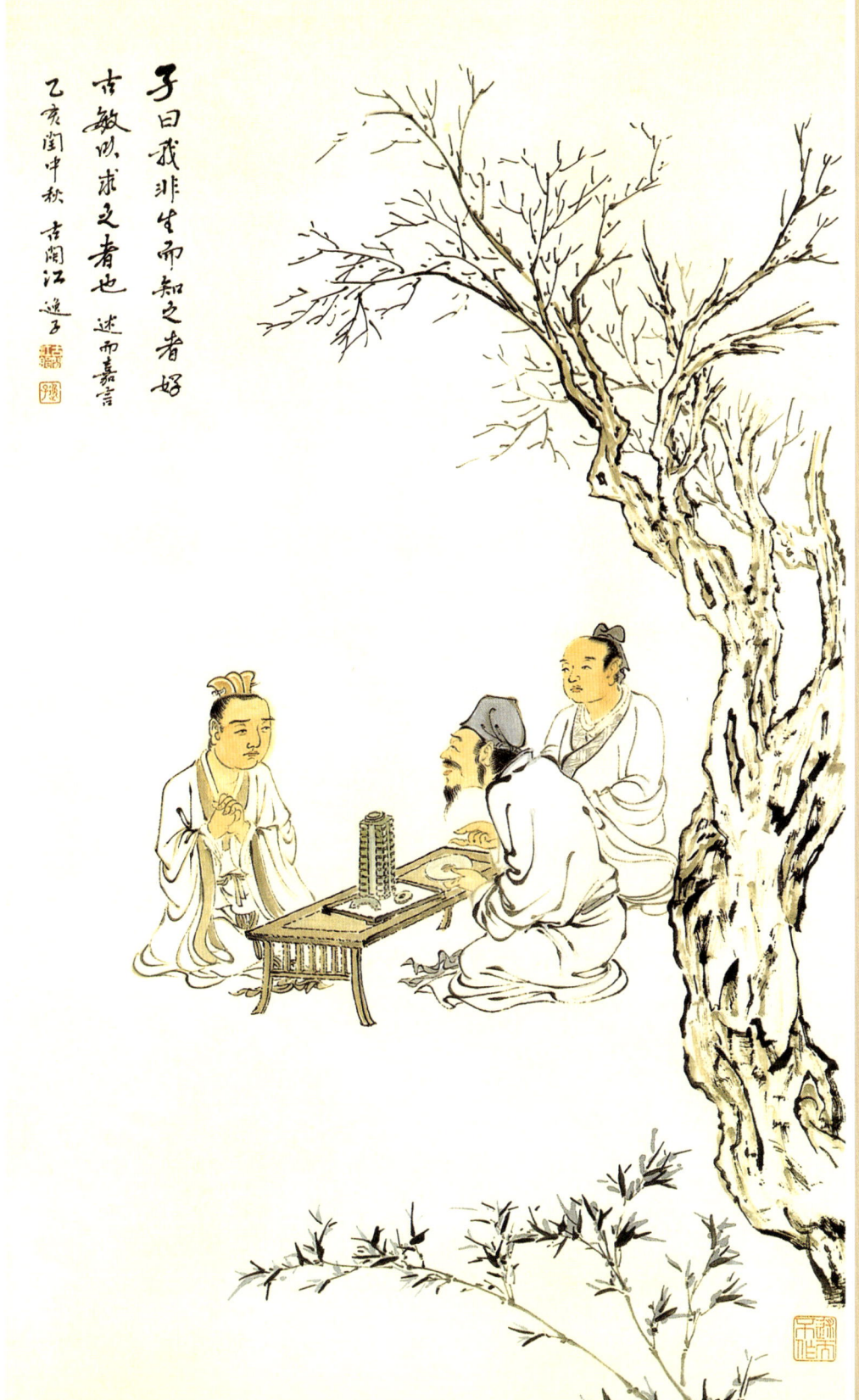

述而篇・我非生而知之者

我非生而知之者

原文

子曰:"我非生而知之者,好古,敏以求之者也。"

——《述而》

意译

孔子说:"我不是生下来就知道一切道理的人,而是喜欢研求古人的道理,勤快地用心探讨而得来的。"

盘玉温新

好友杨秋棠君，去年四月间自西安探亲归来，持块古玉璧为"伴手"，将馈赠于我，并谓此系史前之物，得于偶然间。我认为以此物为礼，过于贵重，于是决然拒谢，不敢收受。只因杨君情真意挚，并据云购价低廉，以璧馈知己，亦合古人雅趣。承其致意再三，终不忍拂逆，敬谨领受，而深有受宠若惊之感，遂嘱内子以丝为结，佩挂腰际，供闲暇时盘读怀念。

此璧初时其貌不扬，直径约四厘米强，孔径约莫一厘米，表面厚薄不匀，圆驼驼亦甚不平整，表面无有琢纹。多处已钙化泛白，偶有一些深褐色的沁染，甚难辨出原玉之色泽矣。想此器入土长达六七千年，不受风化土壤侵蚀，已属难得，况千里风尘仆仆，而今能摩挚盘弄于我指掌之间，真可谓是旷世殊胜奇缘了。

说也奇怪，系悬腰际，不过数月之久，色泽逐渐温润可人，苍白的钙化，泛出透黄的娇色；深褐的斑驳，透出了微红带赭的沁色，视之如脂，触之润泽，好像沉醉数千年的仙人，突然苏醒似的，一种神奇妙趣的感觉，则非笔墨可以铺陈了。

自古以来，华夏民族堪称爱玉的民族，玉与文化有着根深柢固的关系。因此古人常比喻君子为"玉洁冰清"，亦尝借玉的圆润坚致比喻人的道德光华。并说玉有"五德"，乃"仁、义、智、勇、洁"：由于其特性温润，合乎于"仁"；纹理内外一致，合乎于"义"；声音清越不浊，合乎于"智"；质地坚硬而不受刃，合乎于"勇"；光芒内敛不拒炎寒，合乎于"洁"。因而用为"礼器"，征为"信物"，表以"忠贞"，故又合称为玉之"八德"。

一个有为的知识分子，是在于学养品味上，有实才，有谦德，凡事不咄咄逼人，而寒光内蕴，不栗不火，平易近人，刚毅于中而温润其外。这样的表现方可谓之有为有守的知识分子，亦就是合乎儒家所称的君子了。

　　古之君子必佩玉，以玉养德的意义即在此。佩玉不单是为美严装饰，而是从它的形制及雕琢过程中，去体认其深远的实质含意。除了少数用于祭坛上的礼器外，无不寓教于艺。故而佩玉的人，多讲求盘玉，在拿捏摩挲间，"十指连心"，心必有感。盘弄中去其锋锐之气，培养温润之德。坚持忠贞的心性，清朗开阔的胸襟。运用这种德性，来处世待人，不也正是我民族文化的特质吗？

　　盘玉可攻错，读书亦复如是，贵在于温故知新，举一反三的受用，仁与不仁，皆可在学习环境中互为影响。君子守身如玉，全在于盘、读、学、思、举、反之间了。

　　杨君之赠，固然成旷世奇缘，其中却有非凡的启示。出土文物，俗称是"生坑"，通常不宜盘弄。保持原有的浸蚀斑驳状况，可供征信，或学术研究，有着极高的价值。愧我周遭，仅此一璧，若留供学术研究，似嫌不足，若用在盘读润心，则余意无穷。遂毅然弃"生坑"而就"熟坑"，不以器物价值观论之。

子不语怪
力乱神
写子新正
写乡野趣
事一则
江逸子并述

述而篇・子不语

子不语

原文

子不语怪，力，乱，神。

——《述而》

意译

孔子对世人、学生，从不应答或论说、称道的有四项事，就是：怪异、勇力、悖乱、鬼神。因为稀奇古怪的怪异事，有悖常情常理；好勇斗狠，逞其勇力，伤人害己，有害道德修养；败坏伦常的暴乱行为，妨碍治道的推行；至于鬼神之事，则使人更易流于迷信，而荒忽了做人应该实事求是的道理。由以上所述，可见孔子平日的言论，都是从"有益教化"处着眼的。

谈迷信

故乡邻居，有一叶姓人家，家境富庶，为人固执而又迷信。在外逢庙必拜，逢神必求，每出远门必然掷茭问卜，全家大小忌讳尤多，一门尽觉神秘兮兮。

某年正月初一，叶叔起个大早，漱洗既毕，穿着长袍马褂，一副如见大宾模样，手捧三炷清香，恭恭敬敬正欲启扉祈福，突闻门外一阵骚动，夹带吵杂之声，由远而近。叶叔心想，待这批骚动过后，再行启扉，免得犯冲不祥之兆。忽然有几个小孩高喊着："打！打！打死他，别跑！看你往哪跑？"此时，叶叔神色凝重，心想应是小孩吵架，但也犯不着这般杀伐之气啊！到底为啥事？心里起疑而忐忑不安起来。更严重的事情发生了，这群小孩跑到他家门前就停止了脚步，口中直嚷着："出来！给我滚出来，躲在里面以为我不知道吗？""出来！快给我滚出来！不然你会死得很难看。""反正出来也死，不出来也得死，这下你死定了。"你一句，我一句，叶叔的清香燃化了大半截，脸色铁青，两腿发软，不知如何是好。

幸得否极泰来，叶叔的表亲正来拜年，见一群村童围在叶家门旁墙脚下的小洞前，正用竹竿捣耗子，边捣边喊。虽童言无忌，表亲知道叶叔一向迷信，于是大声呵叱，驱散了村童。待叶婶前来启扉时，方才发现叶叔已昏倒多时了。

有宗教的信仰，固然是件好事，但须要正信。以智慧去学习励行，以利心性的升华，更须不悖人情，不偏实际方有助益。道听途说，妖言惑众，不但戕害自己，且危及社会人心，不得不慎也。正派宗教，阐说因果，劝善止恶，以安定人心为导向。今之社会乱象，皆由人心不信因果循环，急功近利，凡事都想一蹴可得。不安其道，故处事标新立异，以怪诞行为惹人注意；或结合帮派，扩张势力，不惜好勇斗狠，以达残害他人为目的。更有一些知识分子，学而无品，心术不端，以邪知偏见蛊惑人心，务期违纪乱法以为快意。或一旦得到权势，就自满骄淫，不思谦和待人，反而逞其个人英雄主义，以满足自己的私心欲念，因而造成今日之乱象。如是者，反不如市井乡民，终生诚笃自守，相信举头三尺有神明，抱着虔敬的胸怀，信奉着他心目中的神祇，既不至害人，且借以修己，这才是正确的信仰态度。

述而篇·圣人吾不得而见之矣

子曰：圣人吾不得而见之矣，得见君子者斯可矣。子曰：善人吾不得而见之矣，得见有恒者斯可矣。亡而为有，虚而为盈，约而为泰，难乎有恒矣。

述而嘉言 逸子辛录

圣人吾不得而见之矣

原文

　　子曰:"圣人,吾不得而见之矣;得见君子者,斯可矣。"

　　子曰:"善人,吾不得而见之矣;得见有恒者,斯可矣。亡而为有,虚而为盈,约而为泰,难乎有恒矣。"

——《述而》

意译

　　孔子说:"具有天赋的聪明智慧,品格能力超出于常人的圣人,我是不可能见到了!能够见到个才学道德超出众人的君子,也可以了。"

　　孔子又说:"能够经常以仁存心,力行善事而无恶行的善人,我也不可能见到了。能见到一个有为有守、恒常不变的人,也就很难得了。如果一个人,把没有学问当作有学问,内心空虚却装成自信满满,自己生活穷乏不足,外表却故意显得富足舒泰,有了以上三种虚夸不实的情事,这种人就难以做到有恒为善了。"

忆雪公的两句话

记得第一次参谒雪公老师归来，立即前往陈家探望老伯（峻峰先生）。峻公老伯问我："今天到哪里去了？整天没看到你。"（比邻的陈家，由于全家人都很照顾我，因此几乎每天都去向老人家请安。）我乃据实禀告，但见老伯神态肃然地说："噫！圣人也。"言下之意，当然是在赞叹雪公无疑。我则迷惑地问他："圣人，就是这样吗？"少顷，峻公又叹口气说："说是圣人，或许过之，但贤人或君子，此公当之无愧了。"接着以欣喜的神情对我说："小子，你能荷此公垂青，可谓造化非浅，应当虚心奋发，且莫入宝山而空手回啊！"峻公的这席话，引起我立志从师受教的意志，而后在任何困境，都舍不得放弃。

资质鲁拙的我，犹如朽木之难雕。三十多个春秋，虽未做到亦步亦趋的勤奋，但雪公的只字片语，往往已使我觉得受用不尽。在我印象中，雪公始终没有道究的气势，平时温煦和蔼，平易近人。只觉得他自奉甚俭，而处世待人却无不宽厚。教导学生，讲的都是人情世故，少说玄奥艰深的道理，一点儿也没大师架式，却时时令人有望尘莫及的感觉。最有趣的是每与老师接触，谈做事、论学问，总觉得他的见地与我相差不远，不过"略高我几分"而已，他的道理就是那么简易平实而易于接受。可是一直到了我年事渐增，对事也有稍深的见解，再同老师谈事、论学，依然觉得他只仍"略高我几分"，自始至终总是水涨船高，攀援莫及，这才体会了"望之弥高"的感受。

雪公晚年，某次学生们问他早年的事情。老人说："以前在大陆的情形如何，对现在说都是不务实际的事，暂且不去说它吧！可是自我来到台湾，与大家相处三十几年，我无时不在审慎检讨自己，从来不曾做过一件对不起佛菩萨的事，也从不曾误过任何一个人。"这句话，也许惯听老人说法的人，或者不觉得有什么，但我乍听之下，却深有局促难安、无地自容的惭愧。平实无华，誓守善道，这不就是有恒心、毅力的君子行为吗？尤其他在临终之前夕，依然坚持要将《华严经》讲完，极虚的身体，微弱的声音，最后以殷勤的口气说道："我学佛八十多年，参读过许多经典，也讲述了几十年佛法，今天，不知道有没有资格奉劝大家念句——阿弥陀佛？"当时全场听众，无不因之双泪夺眶，这种的仁心，如是的悲愿，岂是一般君子所能做到呢？

　　处于乱世，一个真正的君子，所忧愁的是民族大义，所担负的是文化道统之传播。不彰不显，始终秉持恒心而实践笃行。据德、依仁、坚守善道，一心努力"述而不作"来延续慧命，这就是他老人家的人生态度。

　　三十年前尘缘旧事，一时不由得浮现出斑斑影像，往事如昨，雪公与峻公皆已远归道山，今读《述而篇》此章，参经意，追往事，心中感慨良多。此时此境，追慕老夫子之心境，别有深深的意会。

述而篇・子疾病

子疾病,子路請禱。子曰:有諸?子路對曰:有之,誄曰:禱爾於上下神祇。子曰:丘之禱久矣。述而嘉言逸子矜畫

子疾病

原文

子疾病,子路请祷。子曰:"有诸?"子路对曰:"有之;诔曰:'祷尔于上下神祇。'"子曰:"丘之祷久矣。"

——《述而》

意译

孔子生了重病,他的学生子路想请老师允准,代为祝祷神明,祈求保佑。孔子说:"有这求神就能使病痊愈的道理吗?"子路回答说:"有的。古礼书上有说:'祝祷于天地神明。'"孔子听了说:"我平素的行为,都照天理去做,从没有触怒神明的地方,现在有什么可祷告忏悔的呢?"

觉者

一九八六年的春天，吾师雪庐老人以九十七岁之高龄，仍舍不下讲经说法的愿行，瘦弱的身躯，每临讲堂，均赖着弟子们搀扶拱抬上座，强振精神，传经讲道。一字一言赖麦克风传出微弱的声音，深深震颤着人心，有着明灯将枯前的预兆。于座下二三千众闻法者，无不湿润着眼眶专注地谛听。老人的体力，确实不堪再支撑了，虽经诸弟子一再劝请暂作休养，却抵不住他老人家殷切的悲愿，始终不肯放弃最后的每一分每一秒唤醒迷惘凡心的机会。

老人的状况，震惊了他的至友孔奉祀官达公先生伉俪，于百忙中专程南下，探视慰问，并以五十余载深交知遇的坚实情谊，恳祈老人作暂时的休养，以及接受诊疗。为此古道真情所感，老人终于勉强应允了。众弟子之心情，既感激又兴奋，似乎扫却了长久以来心头的阴霾。

翌日，有弟子精通医术者趋前诊视，老人则婉拒说："我也是良医啊！所不同我学的是中医，你所学的是西医，据我所知中医中没有'防老'及'不死'的药，但不知贵西医可有此药否？"这位弟子听了此言，不禁为之错愕说："西医也没有。"老人又说："这就对了，既然天下没有不老及不死的药，像我这样行将就木的老朽，将会如何，我却比谁都清楚，我看你不必枉费心思了。"仍不肯接受诊治。

门外传来阵阵朗诵声，老人倚榻而问说："外面闹哄哄，所为何事？"弟子禀告说："是大伙们不分昼夜为老师祈福，并将念佛诵经之功德回向，求佛加被，请吾师常住世间。"老人听了，淡淡一哂而喟然说："噫！此情虽可感，殊不知念佛若不改心，有何益耶？"说完老人又静静垂目，重新手捻佛珠持续念着他自己心中之佛。

　　以上所述二则，为雪庐老人晚年轶事。当时陪侍在侧者，无不感触良深，或获以无比的启示。毕竟众生之中的"觉与迷"就是这么地隔阂遥深。大多人终身追求渊博的知识，就为了造就伟大的事功，讲究企业管理，统驭群众，只求能叱咤风云，登峰造极。但又有几人能于返朴归真中，领悟自己、了解自己、驾驭自己，完成清纯高尚的道业呢？却终日沉迷于酒色财气、名闻利养之中，心中充满着贪婪的欲念，对人处处不放心，对己处处不安心，整日就在疑神疑鬼、忧生惧死中，迷惑颠倒地断送了一生。

　　完美的生命，是要由诚心敬意中去经营的，正如老人常谓："各人吃饭各人饱，各人生死各人了。"完整的生命，是无怨无悔更无遗憾的。清清楚楚明明白白，了无忧惧，自行解脱，这才是真正的觉者。

述而篇·甚矣吾衰也

甚矣吾衰也

原文

子曰:"甚矣吾衰也!久矣吾不复梦见周公!"
——《述而》

意译

孔子一生对周公在周朝开国时的制礼作乐,为周朝奠定胜利的基业,衷心敬仰,也想积极效法,为当代政治有所贡献,因而过去常在睡梦中梦到周公。可是后来周游列国,都得不到施展抱负的机会,不免沮丧消沉,加之体力日渐衰老,自觉壮志难伸,故而在梦中也就很少再梦见周公了。所以他感叹地说:"我真的太衰老了,好久没有梦见周公了!"

槁木孤禽

暑假末，有高雄某美术学报记者来访，提及"国画何去何从"的问题。

我认为这是个颇具争议性也很严肃的问题。若追究起来，得从"中华文化何去何从"谈起。文化是一个族群的精神命脉，也是思想依归的中心，一旦失去了它，很难辨识艺术的特质，更遑言其去从了。十九世纪末叶，中国从保守封闭中遭遇到列强的干扰，一些思想薄弱的知识分子，对自己的文化起了怀疑。二十世纪以来，前有变调的"五四"，后经"文革十年"的摧残，以及僻处一隅的台湾，又推行"全盘西化"，对自己文化的漠视，无形中起了摧毁作用。更有谁肯为自己民族作"体检"，又有谁肯为自己文化作良心的"诊视"，或能予以合理的尊重与定位？而让这代青年学子产生了无限的迷惘与悲怆。这恶果，应归咎在我们及上一代的知识分子，对自己文化的漠视与低估。

艺术不外乎追求"真、善、美"的领域。西方人重在物理的逻辑，较属形而下的感官，中国人追求的是物情的感应，属形而上的哲趣，或者即是中西文化之不同点吧！至于促进交流，就得异中求同，得其神髓而表现之。如果沟通不良盲目探索，必造成许多误解及无谓的浪费。在我认为，艺术品是作家思想的生命，是从文化体系中酝酿出来的，反映着现实环境的现象。

在此民主时代，人人各有自由的意志，实不敢妄加菲薄，许多前辈确实曾在这方面做过努力，值得敬佩，但毕竟还是留下许多问题，有待我们去省思探讨。我始终认为先要强健自己的体质，再去征服别人，否则弄得遍体鳞伤，反被奴役，更是何其不幸。要能体会贯通，弃芜存菁，艺术本来就是艺术，又何必自限于某一窠臼之中呢！

对于中国画的前景，我是抱持乐观的态度，因为我们是极具包容性的民族，表面看来似乎散漫无度，但血液中却流着无比的韧性和智慧。对不同文化整合包容，而使中国文化博大精深，相信将来将成为世界的主流。

佛经云："法尔如是。"世间每一个时空无时无刻都有不同的现象发生。水墨画不过是重彩画的延伸而已，当然水墨画也可能是未来时空的过客。

不可否认"时代考验青年，青年创造时代"，恰似大江之水滚滚承续。有的人因境而欣喜，有的人因时而感伤，这就是艺人特有的情怀。我热爱自己的文化，必然因境而悦，因境而忧，但毕竟生于斯时，必忠于斯时，自然形成我的人生观及使命感。我选择出现实与精神的平衡点，因而获得旺盛的生命力，既接纳了传统，就忠诚来奉献，没有必要自我标榜与伪饰，只希望在平实自然中顺理成章，去实践此生的任务罢了。

子曰興於
詩立於禮
成於樂

泰伯章
江逸子

論語畫解

兴于诗

原文

子曰:"兴于诗,立于礼,成于乐。"

——《泰伯》

意译

诗是本于性情而作,深刻感人,故能启发人好善恶恶的心理,鼓舞人的意志;礼以恭敬谦逊为本,故可以端正人的行为,有助于立身社会;乐可以养人心性,涤除邪念,涵养高尚的情操。人如能从这三方面去研究实践,必定可以造就完美的人格。

如沐春风

"观天地生物气象,学圣贤克己工夫",这是近代书圣于右任先生赐我的对联。想起往事因缘,不觉匆匆已过三十寒暑。

回忆一九六一年十月十日过后,由右老的副官龙先生引荐,登府拜谒右老。龙先生为家表叔,由于表叔尝向我要过画,转请右老题字,遂蒙予以召见鼓励。右老的画法学养,堪称一代宗师,也是历史上所稀有的大家。银须飘拂,仪表三千,"美髯公"的令名,更是世人所尊崇的。

当时我以一个寒微的小毛头,蒙此荣宠,心里有着无比的兴奋与紧张。那天在和平东路表叔家,几乎无心用餐。约在晚间七点半,龙先生依约带我去到邻近青田街的右老官邸。宽敞的宅院,一片宁静,晚风送爽,精神为之振奋,只见房内玄关处站立着一位长者,即是右老先生,一袭长衫,银髯拂胸,顿觉有如梦幻之境。右老亲切接引入室,书房陈设雅净,壁间橱柜多为名家墨宝,或经、史、子、集等书册,文房四宝,墨香扑鼻,雅气熏人。书案上放着的就是我给表叔画的那幅仕女图。入座毕,右老一开始就鼓励我说:"你的画很有才气,也很有工夫,冠军(龙先生名)找我题字,因为这是精细的工笔画,我怕给题坏了,影响画面整体美,只好另题在诗堂上(画上另加引首),以后可装裱在一起,不致影响画面谐调,你觉得如何?"一面指着仕女图旁边的一帧墨宝。我说:"这只是晚生的习作,尚不成气候!家表叔烦龙先生意在请您老指教,岂敢奢望求题,恳请您老给予赐教。"我又将携来的几件拙作并呈求教,右老很仔细地一幅幅地看,最后留一幅《达摩渡江图》题字。

右老说:"现在年轻人都很聪明,但就不肯多读书,尤其对自己的民族文化很漠视,这是不好的事。须知不读书就少了文化,作品就没内涵，读书能建立品学修养的根柢。所以古人说'人品不高作品也不高'就是这个道理。"接着又说："自古以来有很多写不好字，画不好画的读书人，却没有不读书的。写好字，画好画的人，没有学问的作品，必定显得俗气。老弟！你还年轻，记性好，应多匀出时间读书，书读好了，你的观念和你的作品修养，必然与众不同。"

当夕于于府亲承右老赐教，鼓励与期勉，殷殷切切使我如沐春风，获益良多。印象中右老丝毫没有官场习气，反觉得慈蔼可亲。他指导我如何读书，并嘱我一定要学诗，不懂诗品格必俗等语。数日后，龙先生将题好的《达摩图》送来，并另赐一副对联，仍然转告我要多读书。

論語畫解

子曰篤信好學守死善道危邦不入亂邦不居天下有道則見無道則隱邦有道貧且賤焉恥也邦無道富且貴焉恥也
古閒逸子寫泰伯章

笃信好学

原文

子曰："笃信好学，守死善道。危邦不入，乱邦不居。天下有道则见，无道则隐。邦有道，贫且贱焉，耻也；邦无道，富且贵焉，耻也。"

——《泰伯》

意译

孔子说："一个人要光明正大地立身社会，首要坚定信心，虚心向学。一旦获知了真理善道，就要确实把持，至死也不改变心志。如果发现某一个国家情势危急，到了无可挽救的地步，便不要进去。如果所在的国家，政治黑暗，纲纪紊乱，自己无能为力，匡救无门时，便可离去。在天下太平、政治清明的时候，就应该积极贡献心力。如果这时仍不能得到职位，为国效力，生活仍然贫贱，这是很可耻的。假如在国家衰乱时，而你却自居高位，享有富贵，也是可耻的。"这一章是孔子教人有为有守的道理。

弱冠赐字

一个人立身处世，最难办到的是"名副其实"，往往人因名而改变一生，也有人一生愧对于名。

记得一九五七年十月某日，我师溯公邀我到他家吃饭，准备菜肴十分丰盛，席间并无外人，只有师母及弟妹们，我成唯一主客。用餐中师母及弟妹向我道喜，我茫然间问喜从何来，他们却笑而不答。心想不会是坏事，既来之则安之，就泰然而处之吧。

饭后，溯公召我登楼品茗，笑着对我说："恭喜。"我问："喜从何来？"溯公道："古人年届二十，当行弱冠礼，你今年已二十岁，所以特于今日为你行'成人礼'。"说起来真惭愧，这几年只知道用功"度日"，哪有闲暇管什么节庆的事，因此连自己已二十岁，却也茫然忽之了。听了此言当场跪下，悲从心涌，感到既惭愧又温馨：惭愧的是自己粗心大意，温馨的则是恩师情怀。溯公扶起了我，并安慰我说："不哭！不哭！为师知道你的心情……古人弱冠成人，立身于世，可以不用乳名了，乳名是父母对子女的称呼，处世后所立别名谓之'字'，这几天为师想了又想，观察你三年来的性情志趣，给你取'逸子'为字，不知你喜欢否？"说着从书案上拿起预先用红笺写妥的"江逸子"三个字交给我。当时双手接过来直觉得清新绝尘，载惶载恐，感激莫名。跪拜再三地表示："学生何德何能受此宠爱！自知意义深远，但愿今生本此努力，不敢辜负恩师期许。"

从那时起，我每当在作品上署款，心里总觉得战战兢兢，不敢画有背自己意愿的画，不敢做非分的事，但愿持续努力，以答恩师之厚望。

泰伯篇·士不可以不弘毅

士不可以不弘毅

原文

曾子曰:"士不可以不弘毅,任重而道远。仁以为己任,不亦重乎?死而后已,不亦远乎?"

——《泰伯》

意译

曾子说:"读书人不可以没有远大的心志,为求实现其心志,不可以没有刚强的毅力。因为他所担负的责任是很重大的,而要完成责任,道路是很遥远的。他要把行仁当作自己的责任,不是很重大吗?而要求其完美无缺,就必须毕生努力,至死不懈,这所需要的时间,不是很久远吗?"

游于艺

正为绘制《论语画解》的工作忙碌之际，有客来访。这位朋友持有不同的意见垂谏于我，理由是他认为一个艺术家应朝着自己所学的路子去开创，以我的秉赋，几十年来的工夫用在"教化工具"上，也许对世道人心说，是有贡献的，但对我个人艺术来说，则是一大损失，希望我专心于创作。

他的观念及关怀，我能深深谅解，同时回告他："此项工作，区区乃是抱着'游于艺'的方针而规划人生，同样的也是去尝试、实践。以现今天下之乱象丛生，社会污浊不安，人心涣散，道德沦丧，邪道横行之际，处于斯时斯境的艺术家，岂可再麻木不仁不问世事？这实在是件很可哀的事。一个艺术工作者，若缺少了良知与感情，不去关心世道人心，他将用什么来立论创作？生活在空白文化的国度中，随波逐流，岂不更可悲吗？"

一个艺术家若是观念不正、感觉不敏、理想未能实践，乃是最痛苦的事。艺术家的理念，与宗教家的精神，在个人的感觉中没有多大的距离。创作与修持，也有着殊途同归的意味，最终的愿望是远离束缚，追求高度的自由，在心安理得中而获得解脱。

记得我年轻时，曾经耗了一个多月的时间酝酿经营出一件作品，兴高采烈地去找一位同道的前辈请他指教，而这位"指教者"只花了三两秒钟就给这件作品下了论断，并给予彻底的批评。暂且不管是褒或贬，总是觉得有若隔靴搔痒不得痒处的感觉。像这样的情形，不单发生在文艺界的朋友身上，同时在社会各阶层中也屡见不鲜。

这种尝试，也许在个人游艺生活中是一种牺牲，但在人生体悟上，却未必不无收获，在观念上可以畅意表达，在美感上自然流露，并可重新涵泳于先人的智慧领域中，温习浸润，以供取舍

抉择。借此能为今天紊乱的社会提供一杯甘泉，这何尝不是一种艺术的使命。

  四十多年的生涯，经过治乱安危，感触到阴晴冷暖，生命在生生、死死、反反、复复中，理智在清清、迷迷、断断、续续中延伸。人不要说能把握一生，只是眼前能把持正确方向而不颠倒错乱，就不容易了。名利在困扰着人心，尽管说"淡泊"，谁又能经得起诱惑呢？高深的理论，尽是先觉者的牙慧，若不在心地上多下工夫，只顾沾沾自喜，终必流失掉大好光阴，实属可悲。

  求新求变，这是每个时代共同的趋向，更是艺术家热门的话题，也是人性喜新厌旧的表现。不管是思想及行动多么超越与前卫，常感到昨日的作品，成为今日的苦闷；或如拘泥而守旧的人，偶然在旧物中发觉到新知的喜悦，同样觉得有趣。

  艺术创作，不外乎是起遣愤、安适之作用，遣愤是情绪的宣泄，安适得自心灵的感通。除此之外，可能只有在红尘滚滚的名利场中浮沉罢了。

  《论语画解》一书，不可否认是为了关怀文化趋向的宣导所作的尝试，它毕竟也是我游艺人生的一个定点。淡淡的笔触，炙热的心情，没有阳刚之盛，却有阴柔之工；没有高奥的玄理，但有平实恬静的胸怀。至于这究竟是牺牲损失还是果得其所呢，也都没有必要去理会了。

子曰好勇疾貧
亂也人而不仁疾
之已甚亂也
泰伯嘉言
滬寧齋江逸子畫

泰伯篇・好勇疾貧

好勇疾贫

原文

子曰:"好勇疾贫,乱也。人而不仁,疾之已甚,乱也。"

——《泰伯》

意译

孔子说:"一个喜欢好勇争胜,恨恶贫贱而又不能安分守己的人,一定会作乱。一个心存私念,没有仁爱之心的人,如果对他过分恨恶,使他无地容身,也一定会制造祸乱。"

命运与果报

老柯举家移民加拿大，转眼八年有余了。初时偶有鱼雁往返，近五六年来音讯杳茫，或迁他处，或因事劳，乃不得而知了。月前老友张安邦兄自美国取道加拿大返国，特于温哥华探望老柯，得知老柯近况，十分震惊，并感世事无常。

安邦说，老柯去国之顷，正是事业日正当中之际，但感于政局不安，毅然果决结束一切庞大企业，作浮槎西渡之举，当时友朋，无不为之错愕。老柯定居加拿大之温哥华特区，购得一栋占地千坪之豪华别墅，过着优游无虞之生活，羡煞当地侨民。孰知为时未久，只因一夕豪赌，而竟沦落在郊区一公寓内，在那局促的空间里勉以度日，据说还是女儿租来替他安顿的，目前又体弱多病，不肯与外界接触，生活乃靠女婿维持。一场沧桑梦幻，听来简直不能相信，令人辛酸不已，不由得不相信人生确有"命运"之说吧？！

老柯的为人，精明能干，反应敏捷，初以开设外销螺丝工厂起家，后转投资房地产，炒对了几处重点地皮，而翻身成为亿万巨子。其人广结善缘，席上不乏冠盖名流，政经通畅，于企业界呼风唤雨，财运亨通，并荣登十大企业家之列，且有"智多星"之称。但由于时当政坛动荡，遂即脱产外移，远离故居，不料晚年竟遭如此境遇，老病孤舟，已不复再作"东山"之望矣，此真命运之所致耶？而吾则不以为然也。

谈到荣华富贵，固民之所欲也，虽可操在心智之间，但仍在乎敦笃机巧之中。若凭一己之机巧，放纵于豪取巧夺之心计，虽有斩获，犹不离盗心，其生心动念，则不离贪婪。巧言令色陷人私己，伤仁也；凭借政商关系利益输送以达目的，伤廉也。古人尝云："如取之不依其道，虽一饮之细，犹不可受。"况集盗心、贪欲、鲜仁、伤廉于一身者，何来天禄之福佑可以安享耶？此应非关命运，则是果报之不爽，不可不深思警惕啊。

論語畫解

子曰三年學不至於穀不易得也
論語泰伯嘉言 江逸子芹畫

三年学

原文

子曰:"三年学,不至于谷,不易得也。"

——《泰伯》

意译

孔子说:"一个人如果能努力追求学问技能,达三年之久,而其心志只为充实自己的知能,并不把求学问当作求取利禄的手段,这种人实在是非常难得的。"

学贵有养

　　一九六九年间，由于长期伏案操劳，不重保健，以致体弱多病，吾师雪公因此曾对我发出警示，于是规划出十年时间以作调适，兼学培植盆栽技艺。这十年的光阴，不但使我体能恢复，且也兼负"疗贫"作用，同时也为盆栽艺术的提倡及研究改进略尽绵薄之力，开拓了盆栽的艺术生命。

　　初时，以为莳花养鸟，只是"雕虫小技"，经以涉猎经营，却领略出凡事都有其"学"、"养"的精湛道理，对我日后绘画人生，增添了无限的助益。

　　学种盆栽，先将树种养活是第一要件，进而才能论及管理、修饰造形，再进而臻于艺术领域。植物的类别、生长环境，各有性相，须加以观察体悟，了解它的所需所异，及其各发展状况格调之广，当然就不敢以"雕虫小技"视之了。它不但需要技术来培植，同时更需艺术来涵养。

　　记得某次，与多位朋友到一位刘姓人士经营的盆栽园参观，见到一株真柏盆栽的素材，枝繁叶茂，狷野硕壮，十分有趣，直觉得是株良材。刘君看出我的心意，征询我造形的意见。当时我不敢造次发言，由于艺术之事，素来见仁见智，免于事后困于非议。之后刘君坚持要将此盆栽廉售于我，条件是要我当场作修整的示范。这场游戏规则，虽未近情理，但从切磋角度来说，尚可接受。于是先假设腹稿，拟定取舍后，便操动刀剪，去芜存菁，心境交洽之下，不到一小时，顿然理出一株枝干分明、柔劲兼具、擎立参天的巨木气象。当场围观者，无不以惊讶的神情赞叹这造化的美妙，有人当场愿以十倍之价留置下来。在此后十年中，发生同样的情事，不知凡几，却也司空见惯了。

　　锐利的眼光，内敛的涵养，是成就学问的要诀。但凭锐利的视觉，不事深入的修养，结果是坚而不固的，也是损人不利己的行为。这样的人，很难与其共事，又何以相安呢？因此学若有养，必能创出天人合一、双赢双利的中和之美。故而我常与青年学子说："知识只是硬件的工程，修养才是真正软件的功用。"今天的社会，充满着冷漠颓废、尔虞我诈、急功近利的心态，泰半出自重学轻养，人与人处在猜忌、排挤之中，互不见容，虚伪无耻，才形成种种的乱象。

　　修养，应从诚意作起，建立在彼此之间知性相惜之上，就是儒家学说中的"忠恕"，从学养中实践自由平等的定位。心若不能平等，所有的知识都成了思想的障碍，也理不出合情合理的对治方法。

　　佛家以戒、定、慧来召示禅门修为，有其深远的真理。若用于入世学养上，又何尝不是一剂良方！以行为操守为戒，以规律自觉为定，自然能达观，言行一致不悖常理，不就是智慧吗？时下之人，烦嚣终日，莫说一日三省，能在一星期中，偷得半日闲来，回到自己的心扉中，下一些整理检讨的工夫，都很难办到，又怎能造就充实的人生呢？

学如不及

原文

子曰:"学如不及,犹恐失之。"

——《泰伯》

意译

孔子说:"人求取学问,要经常抱着永远赶不上的心情,积极去追求,这样才能天天吸收新知。等到学有所得,就要常常温习,免再遗忘,这就成了永久拥有的知识学问了。"

谈座右铭

记得一九六一年间，某夕我奉老师彭素公之托，送件墨宝与函件至名艺评家虞君质先生处。虞先生因以锐利的笔触，素有"艺坛太史公"之誉，成为当时同道者既爱又畏的人物。他收下墨宝并读完老师书信后，和蔼地对我说："谢谢！听说你是彭先生的高足，你的老师是位人品极高的画家，也是我所敬重的长者，你应该多向他学习。"

在当时，确实有太多的前辈值得人们敬重与景仰。或许是当时文化风气的关系，他们经常不遗余力地提携后辈。那时我虽处境清寒，却从不曾遭到另眼看待。虞先生的书房、四壁书架及案首，无不堆满书籍与文稿，有古今中外的艺术史、艺术论著，也有经史文学等，有中文也有外文，应有尽有。浓冽的书香，令人感佩不已，更令人为之陶然，足以引发见贤思齐之心愿。

在仰慕的心情下，我诚恳乞求虞先生开示，虞先生谦冲地说："开示二字，万万不敢当，世间的学问，浩若瀚海，穷毕一生也难窥其概略。尤其一个从事艺术者，切忌俗气，万不可务虚荣，行邪径，故作标新立异、惊世骇俗之举，及骄寒纵恣，虚张狂妄的态度。应当注重学养，养成温柔敦厚的人品，以及高旷的襟怀。人品高，笔墨自然清明，心境豁达，作品自然格局博大，而气韵沛然。你尚年轻，切莫急着务利谋名，应该多下工夫，以谦虚的态度，来追求高深的学术技艺。你现在有了不起的老师，当亦步亦趋地追随，更应珍惜这难得的机缘。"恭聆此教诲后，临辞别前，更向他老人家乞求赐一座右铭，他欣然允诺，随即自案左取来一张稿纸，当下书写两行："天下唯至谦能成大业，世间无一事可以骄人。"写完并说："这也是我的座右铭，希望咱们共勉之。"

匆匆三十多年过去了,我亦将步上他当时的年华,斗换星移下的今天,似乎很难再逢到昔时的高风亮节之士,同时亦看不见彼时真诚受用的学子,于此令人不胜感慨。

近年来,海峡两岸正风行编纂所谓《当代画家名人录》、《当代名家作品评价录》等文集,此类征文索稿的文件,堆积叠案。有客问曰:"何不致复?"我则述此三十年前往事以应。何况而今我以票友的心态作画,身远江湖,无由可争,多年来但求学有自由的时间及宽广的思想空间,来读我想读的书,作我想作的画,为自己良知而服务,至于我个人的存在与否,身价如何,或褒或贬,自不在我的计虑之中了。

子罕篇
zi han pian

有美玉于斯

原文

子贡曰:"有美玉于斯,韫椟而藏诸?求善贾而沽诸?"

子曰:"沽之哉!沽之哉!我待贾者也。"

——《子罕》

意译

子贡认为他的老师——孔子,不论学问道德,理想抱负,都是最完美的,而久久不得出而为官行道,所以就拿美玉作比,而问孔子,究竟要不要把这宝玉卖给适当的买主呢?孔子回答说,是要卖出去,但不能随便出手。也就是说,出而为国效力,要得到国君的礼聘,如以不合义理的方法去事奉人,那是不干的。

知命

有一年的冬天，一个星期天的黄昏，参观完同门学长的画展，路过公园，只见一片萧疏景象，不禁驻足浏览。在湖边一棵巨树下，坐着一位老者，方头大耳，鬓须尽白，一袭褪色的蓝袍，裹着臃肿的身材，跌靠于树干上，远远望去，好像一幅马远的《高逸图》。不料老者向我招手，趋前一瞧，原来是摆地摊卖卜者。铺着白布上面书写："东岳铁口神算"，下方为价例："批八字十元，看相五元，测字二元。"他要我"参考"一番，我说"没兴趣"。老者说他两天没生意也没吃饭了，要我行个好。失意人的滋味，颇能令人同情，我欲买吃的请他，他说："无功不受禄，宁愿挨饿，不愿受施。"他的骨气，颇投我缘，他又说："你口袋有两个馒头的钱，我半价测个字送你好了。"我不由得为之一怔，因我口袋正巧二元，恰够买两个馒头。老者又说："准不准且慢说，行个善罢。"他并递来纸笔催我写个字，我接过纸笔却不知如何下笔，此时正逢落日时分，林木一片落叶稀疏，又想自身落拓江湖，一连三个"落"字，索性就写了个"落"字。老者看了频频点头，连道三声"落"之后说："阁下此时、此地、此情离不开这字：水上浮草各分东西，草为部首，阁下必游于艺；水靠左旁，运属东南，各乃文口组合，阁下应在文房寄生涯；可以名震中都，却又不屑一顾，不知老朽所断对否？"他像告诉我，又像自言自语。我说："很有意思。"于是分他一元，不再多问。临走时他又说："阁下是知命之人，老朽饶舌了。"

命运之说，姑妄言之，姑妄听之，命操在己，岂能托于卜呢？知命在于安身，个人觉得安身于励志、养廉、不忮、不求、达观、厚实而已。至于命，天知道，不必强问。若终日外求富贵权势，必然生活在毁誉之中，心焉得清静？清心贵在时时自省、自觉，举心动念合乎常理否？所作所为损人否？横逆来时怨尤否？能够作此反省，就合乎君子了。至于"穷看命，富看屋"，都是俗人患得患失的心态，割这块肉，补那边伤，结果竟成体无完肤，非君子行为也。

論語画解

子在川上曰逝者如斯夫不舍晝夜
歲在甲戌冬三月
古閩江逸子於塘畔齋

子在川上

原文

子在川上,曰:"逝者如斯夫!不舍昼夜。"

——《子罕》

意译

宇宙间的自然现象:四时运行、夏去冬来、江流滚滚、昼夜不息,这种天道的运行,健强而永无息止。一个君子的进德修业,就要效法此种天道精神,爱惜光阴,奋发努力,并要随时自我警惕,这样纵然身处危险的境地,也就不会有过失与灾难了。

古今缘

世间有许多人情事物，而一切都靠"缘"来维系，哪怕是擦肩而过，或是暂时停留，无非都靠缘来成就。缘没有永恒，只有深、浅、厚、薄而已，来时不必惊喜，逝时不需怨尤。

几年前，一位王姓的朋友，持来一方古砚找我鉴定，因为我对古砚略有浅薄的因缘和认识，所以敢于承应。王君所持这方古砚，是我所接触过的古砚中堪谓平生所仅见。尤其该砚的原所有人及传承经过，历历斑斑都令我肃然起敬，有着不敢轻慢的戒心。

"孤拙无文，宽容有道，作宾我家，此石不老。壬午十一月，道周题。"这是此砚的原主人明末忠臣黄道周石斋先生的题铭，清奇劲丽的隶草，是石斋先生独特的风格，是我所熟悉的面貌。壬午为明崇祯十五年（公元一六四二年），相距先生殉国不过四年而已，传云先生于狱中大义不屈，过刑曹，遭毒杖，血肉淋漓，每日乃据在一张败几上，从容书写《孝经》，达百余卷，每卷都有着不同的跋文，却无一句雷同的言辞。当时的人若获得一卷，无不珍为奇宝。由此可见，先生学养品德，若无"宽容有道"，岂有"从容就义"之高节呢？砚左侧有另一忠臣侯峒曾题"石斋之研峒曾赘"七字。侯公为江西提学参议，福王时起义兵，保乡里，清兵陷城，偕二子元演、元洁投水殉国。黄侯二公刚正高风，为世所敬重。此砚得以二公手泽，后复获明遗民万寿祺、清之庄同生、郑燮、王文治等题铭，称之为"双忠遗石"。一方小小砚石何有此幸，与忠烈同垂不朽，复受后人之尊崇如斯哉。

我与石斋先生有"忘世缘"。早在二十世纪五六十年代，新竹有位陈姓老先生，曾持一册为黄公所书小楷《曹远思推府文治论》前来托售，当时我认为旷世奇珍，曾就教故宫庄慕老，慕老极为推崇，奈故宫无此预算，后复借吕老师佛老恭临一通，璧还陈老，当时索价二千，奈以英雄气短，失之交臂，二十年后尝见归录于《中国书法大全》，甚感欣幸。今见此砚，忽思前尘，不觉又是一阵肃然，忠魂有灵，如是乎！

缘像一阵风，又如一朵浪，无形有色总在绵续之间。

吾未见好德如好色者

原文

子曰:"吾未见好德如好色者也。"

——《子罕》

意译

人的吃食物,是为了延续个体的生命;人的异性相吸,是为了延续种族的生命。这是天理自然、毫无勉强的。因此男性的爱好女色,自是天性使然,这种冲动,积极而主动。道德的修养,有助于个体生命,光荣地适存于社会人群之间,并且借道德的约束,使人与人之间,便于协调而共存共荣。但是人对于道德的爱好,却不如对美色的爱好积极而急切,这是导致社会秩序日渐败乱的重要因素,所以孔子为此深深感叹。

修养

读了这篇讲仁德修养的嘉言，不由得想起东汉时的刘宽。刘宽不但官做得大，其道德的修养，人品的清高更是时人所称颂的。下面就举两则为例：

有次刘宽外出，在半路遇到一个寻找牛的人，神色非常紧张，走到刘宽牛车前，指说这头就是他失去的牛。刘宽没说半句话，下车就将牛让他牵走，自己却徒步回家。过了一会儿，那个找牛的仁兄将牛又牵回来，当场跪地叩头请罪，直说："惭愧死了，太对不起长者。"刘宽则和颜悦色地说："误认东西总是会有的，有劳你牵回来就行了，没有什么不对啊。"在场的人看了这种事情，无人不钦佩刘宽的雅量。

又一次刘宽的夫人为试探他的修养，在他准备上朝，换好一身整齐的朝服时，叫侍女端碗热羹侍奉刘宽，侍女故意将羹翻倒在他身上，弄脏了朝服。刘宽并没生气，还以温和的口气问侍女："羹这么烫，伤到手没有？"

由此可见真正有道德的人，也定有仁慈的修养。即使遇到不仁的人，只有同情与怜悯，会想尽办法来宽慰他、感化他，不会苛责人的不是。刘宽的行仪，不就是证明吗？

子罕篇・衣敝縕袍

子曰衣敝縕袍与衣狐貉者立而不耻者其由也與不忮不求何用不臧子路終身誦之子曰是道也何足以臧 江逸子恭錄子罕句

衣敝缊袍

原文

子曰:"衣敝缊袍,与衣狐貉者立,而不耻者,其由也与!'不忮不求,何用不臧?'"子路终身诵之。子曰:"是道也,何足以臧?"

——《子罕》

意译

人生要注重人格的高贵,不必计较衣着的华美。孔子深深了解子路有这种性格,所以就引用《诗经》的名言"不忮不求,何用不臧"来赞美他。所谓"不忮"就是不嫉妒别人的所能所有,而想要加害于人;"不求"就是不会以自己之所无为羞耻,而想要求取于人。意思是说:人如能这样不嫉妒,不贪求,那就没有不好的事了。

废桌的启示

这张被丢弃的废桌子，因为桌面凹凸不平，破烂不堪，邻人告诉我说"已不堪用"，我却见其四足硕大而平稳，于是拾回室内，铺上甘蔗板使用。他们说我"聪明"，我说，"只要底子好，何愁面子差"呢！

世间凡事不管于情于理，都不能只看一面而下定义。贫与富，只是物质的差距，并不可怕；心志若贫乏，就得任凭物质牵引役使了。尽管你皮肉如何瘦削，筋骨也决不可松软。人穷，自然朋友少，志高却可与古人通，可以励志，可以敦品，并无损失。

这张桌子，"退休"将近二十年了，今尚度藏在三楼储藏间。家人建议淘汰掉，我却说："它导我养志，陪我度过艰辛的岁月，堪称知己，不可弃。"

論語畫解

子曰出則事公卿入則事父兄喪事不敢不勉不為酒困何有於我哉

江逸子於子罕篇

出则事公卿

原文

子曰:"出则事公卿,入则事父兄,丧事不敢不勉,不为酒困,何有于我哉?"

——《子罕》

意译

孔子说:"出家门在官署中事奉长官,能勤勉谨慎地办事;回到家里事奉父兄,力行孝弟之道;家有丧事,不敢不谨遵礼制,尽力而为;平日饮酒不使过量而损害身体,败坏事功。以上这几件事,对我来说,又有什么困难呢?"

选贤与能

台湾民选"总统",号称五千年第一次,不可否认的确是件盛事,大家也都抱着无上的企望。有客问我如何看待此事,我说:那得看台湾选民的智慧与福报如何了,如果依旧嚣嚣嚷嚷不改以往鄙俗丑陋的游戏规则,各以逞其巧言令色为能事,谁当选都一样,同是劣酒新包装,只不过换个名称与卖场罢了,实质上并无太大意义。

古人说:"知书容易,达理尤难。"理者礼也,一旦失去了礼,就无文明可言,更谈不上人格之可贵了。近世以来,西风东渐,国人对自己文化根本起了质疑,甚至不惜予以摧毁破坏,致今沦于"礼失求诸野"的困境下,生命失去了自尊。纵是学识如何的渊博,科技如何的先进,一旦人心麻木,无非是东施效颦闹剧一场,闻不到文明的气息,更得不到他山之石的攻错,无非困惑迷失,颠倒众生,任人摆布而已。

礼并非乡愿所谓之打恭作揖,叩头礼拜,空洞繁琐虚有其表,而是要其内在的升华,因此亦可云:"礼者里也。"礼的真正精神,在于律己厚人,在对事接物的态度上,处处讲求虔敬诚实,言行举止不敢须臾逾越分寸。

读书人之可贵就在于明白义理,涵养出恢宏的胸襟、豁达包容的气度,珍重自己的人格,处处厚道谨慎,时时为人设想。这样的人出来问政或经商,在位必然能为人民谋福利,在职能为老板敬事效力,居家必行孝亲敬长,上下和洽,在野则发挥严以律己,宽以待人之美德。讲究仁义情操,对待朋友情尽义至,诚信不伪。一生尽心守分,不恋权贵,不伎不求,即使与会酬酢,亦能保持和悦尽兴的心态,不逞强,不好胜,即有嗜好,也不致因玩物而丧志。

能本着这种态度，就是完美的人格。具备这种的情操与涵养，就不致怨天尤人，处处都能施人惠世，绝不因知遇与否而烦忧。动静言行，实而不夸。在野是块璞石，在朝是块美玉，从平凡中内蕴高贵，自然受人推尊崇敬。

　　参加选举，其目的在于学以致用，为民服务。尊重选民的抉择，以贤能为感召，这也就是人格礼敬的展现。若以包装不实的形象，装腔造势，哗众取宠，更以尖酸刻薄嘻笑怒骂为能事，纵然达到目的，却也出卖了自己的人格与灵魂。一旦为政视事，只有将国本动摇，驱民智于愚昧无知，则非民众之福矣。

論語畫解

288

法语之言

原文

子曰:"法语之言,能无从乎?改之为贵。巽与之言,能无说乎?绎之为贵。说而不绎,从而不改,吾末如之何也已矣。"

——《子罕》

意译

孔子说:"人听了严正规戒的话,能够不顺从吗?但要自己能切实改过,才是可贵的。听了人的婉言相劝,或是恭维赞美的话,能够不喜悦吗?但要能推寻对方所以要说这样话的用心和深意,才是重要的。如果只知道喜悦而不去寻思,只是顺从而不能改过,我对这种人,也就没有办法了。"

格言润身

二三十岁间,是我立足画坛巅峰期,不管是公办或私办展赛中,几乎是攻无不克、无往不利的局面。在当时台湾艺坛上,的确曾领过一阵风骚,于虚名的浮幻下,倒有几分春风得意少年的矜持。但任凭如何风光,作品格调如何高稚,现实的环境中,当时肯济资于艺者,毕竟是寥若晨星。因此,依然以安分守着"画家固穷"的高标自许,过着与颜回共巷、五柳同居的生活。

"以志养画"是父亲早年的期许,他说"瘦牛犹惜三石骨",启示说"人穷得有骨气"。少年虽好学,却学而不思,言行举止多圭角峥嵘、血气方刚、锋芒毕露,如此处世待人,往往令人难堪。

记得某次,有客叩门,我则应声启扉,见一位年近花甲的先生,秃头光面、西装革履,一副高人一等的模样,开口便问:"江逸子可住在这里吗?"由于素昧平生,心想总得弄清楚来意,便说:"请问先生,找他有何贵干?"不料此君眼光鄙视着我说:"我与他是多年老朋友,到底他在不在?"显得十分不耐烦的样子。也许因我身着粗布裳,足登木履,一副少不更事的穷酸相。我遭人白眼,心里颇生不平,就直截地说:"对不起!他陪老先生('总统')上日月潭避暑去也。"不待他回话就将门掩上,门里门外的人都感到莫名其妙。后来从好友林茂树处得知,此君乃"中央"某"民意代表",误以为江某与他年龄相若,原想套个交情方便索画,没想到却身陷庐山,反遭无妄。之后,我每想起此事,不免有几分悔意。

经数日,雪公恩师得悉此事,特约见我,一见面即肃然言道:"自古艺术家有个性,固然可贵,但读书作画,不能兼顾人情世故,终难成真学问。一个人可以有傲骨,不可逞傲气。圣训格言,用来自励修省，以润身心，若借此标榜自持，或责苛于人，是不厚道的。侧身立世，贵在实践，不可徒饰外表，形成附庸风雅的习气。有才情，言行更应收敛，方不致伤及私德或品行，尤其学艺术的人，更不可不慎加省思了。"一记当头棒喝，何啻雪地霜钟，扑熄了我长久以来的傲焰，敲醒我固闭的心扉，脑海中深深烙着只有一句话："我错了。"

少年轻狂多薄幸，自古皆然，逝者已矣，不应复蹈。三十而立的年岁，确是来者可追，定下"君子无信而不立"的目标作为行履。古德云："信为道源功德母。"信是真诚对待，以细心体谅人事，诚敬存心，自然不敢轻慢了。多少年来，自知对诚信二字犹待努力，但知时时对准这目标，朝着虽不中而不远去努力。

一句格言，能加以善用，哪怕是只字片语，将是终身受用。环顾而今，四海茫茫，滚滚浊浪，几人回头望故阙呢？

論語畫解

子曰三軍可奪帥也匹夫
不可奪志也 讀子罕嘉言
乙亥歲冬日感寫此 逸子

三军可夺帅也

原文

子曰:"三军可夺帅也,匹夫不可夺志也。"

——《子罕》

意译

孔子说:"统率三军的主帅,虽然声威豪壮,但如果不能获得部下的忠心护卫,仍可能被敌人劫夺俘虏;而一个平民,虽然身份卑微,只要有坚强的意志,就绝不会被人劫持强制的。"

民志邦本

两军对峙,将帅的帷幄筹谋,决定了沙场胜负;国民意志坚定与否,直接关系到国家的存亡。古代如是,民主时代亦复如是,这是千古不易的道理。

故而,一个贤能的政府,无不重视文化教育,厚植国民正确而坚实的中心思想。一者为国储才备用,再者更是做好安邦固本的扎根工作。

古谚云:"民心似水。水可以载舟,亦可以覆舟。"水可以推动建设,泽沃生灵,也可带来对生命财产的无穷伤害。因此说:"民心如水性,得赖于智者的运筹善用,才能发挥无穷的效用与潜力。"

中国自古以来,虽经过无数次改朝换代,或被异国征服,但中华民族始终屹立不摇,相对地反而使入侵的外族被我们所同化了。这种力量,应该归功于一切以人性为出发点、博大精深的中华文化。就以近世纪来说,八年对日抗战,可谓前所未有的民族圣战,有写不完可歌可泣的凛然事迹。在当时,我国正处于国虚民弱的情况下,如此来对抗强横而残酷的日本军阀,真是极为悬殊的对比。重庆陷火海、南京大屠杀……腥风血雨、尸骨遍野的长期蹂躏杀戮下,我损兵折将,陷地失城更不在话下。但最终,敌人夺不走我华夏一寸山河,屈折不了我中华儿女的一腔浩气。这股力量,全是中华文化所凝聚的民族意志力的表现与成就。

中国人自古讲究朝、野、仕、隐。在朝为仕,无不熟读诗书、精研经略,为的是修身、齐家、治国、平天下,以尽报国安民的天职。一般在野寻常百姓,虽未尽受高等教育,却能熟稔忠、孝、节、义这些人伦的道理。这些知识,大多来自《三国演义》、《水浒传》等章回小说，或文艺戏剧之中。辨忠奸、守本分、寓教于乐的社会教育，无形中深植民心。

　　民主是全民参与的政治。实施得妥当，将能实现大同世界的理想；若经营不善，就会造就一群群嘈杂喧闹的乌合之众。因此文化的认同，必是首要的必备条件，由此导引民心，开拓民智，才能建立有品格的社会，进而使人民具有正确的中心思想，致力维护法制的尊严。而当今的社会，是贤不及能的社会。一些当权人士，治国政若经商，皆以巧言令色为能事，误导民智，以达其营求私欲的目的。

　　民心似水，至柔亦至刚。民为邦本，若本不能固，邦国危矣。民主与君主，形式虽不同，道理是一致的。不识字只是文盲，没思想是心盲，岂不更可怕？

論語畫解

唐棣之華偏其反而豈不爾思室是遠而
子曰未之思也夫何遠之有
子罕嘉言
汪逸子

唐棣之华

原文

"唐棣之华,偏其反而。岂不尔思?室是远而。"子曰:"未之思也,夫何远之有?"

——《子罕》

意译

佚诗上说:"郁李树的花,在那里翻转摇曳;怎能不有所感触而思念你呢?实在是你离得太远了啊!"孔子说:"只是没有思想罢了!如果想念深切,那又怎能算远呢?"

赏梅记

尝闻南投信义乡之丰柜斗山区一带,遍植梅花,名闻遐迩,此刻正是盛开时节。吾友陈朝松君,任校长于斯所,特邀我前往揽胜,因约同好及学生数人,遂作登临之举。车方入境,顿觉浮香沁脾,银花耀眼,千顷雪涛,缤纷夹道,行之逾深,茫茫然好似置身武陵而忘津,丛中炊烟袅绕,疑是林逋深卧。一股清新情境,令人泛起落地生根之强烈心念。

朝松云:"此山左侧,有梅王一株,其貌荒古,铁干磅礴,凡工诗画者无不争先访索,探幽觅句,陶醉于斯。"晨曦和煦,岚烟香云,玉树琼枝,精洁剔透,拨露曲行其间,浑不知天上人间。山坳处,邂逅一老丈,葛衣草履,步伐轻盈,神采清癯健朗。请教梅王位置,方知此翁即梅王之主人也,今年已八十八高寿,并云梅王乃其昆仲少年时所植,距今已五十余载矣。且行且谈,未久至一斜陂处,则见茅茨数椽,篱边有古梅一株,约莫三围之巨,盘根错节,枒权蟠虬,霸据八方,俨然有股南面王之气势,令人观之,无不为之震慑,或争以写生,抑是留影存念。

端详了许久,则问老丈曰:"此梅健硕无恙否?"但见他神色凝重而戚喟曰:"恐其未久于世矣。"余言罢方觉突兀失礼,不敢再作造次,稍以徘徊即行告辞。

归途间,有同学问:"先生何知梅王将崩?"余告之曰:"君不见乎,其花疏薄,繁枝偏枯,干虽魁梧,而皮色暗淡,想必内朽中空矣。睹其花枒,即可料及其根柢矣,何须质疑哉?"又问:"先生斋中,盆梅数株,历百年竟不衰,反显老而弥坚。何其故也?"余曰:"唯知足自制而已,其虽局方寸之间,摄有限之壤,当赖有道者而修养之;定期换土,弃芜蓄菁,使其新陈代谢,保持旺盛之生命力,故能延年益寿。荒野之树,虽自由放任,而在竞争环境中欺凌弱小，纵欲需索，树大荫广，终不胜其负荷，耗费元气，而无力承受，不免福尽缘终矣。"

至山下，路旁有售盆梅者，同学欲购养之，余乃为之建议曰："先学其道，然后养之，能得其趣，方不致丧其志也，爱物之德，不可不慎也。"

子曰歲寒然後知松柏之後彫也

癸酉臘月寒流夜逸子阿凍寫此

論語畫解

岁寒后凋

原文

子曰:"岁寒,然后知松柏之后凋也。"

——《子罕》

意译

俗语说"松柏长青",意思是说:每年严冬酷寒,各种花木,多已凋枯,而只有松柏照旧青绿。孔子以这句话比喻道德君子,不怕环境的艰难困苦,仍能坚持他的操守,挺立于逆境之中,不屈不挠。

一笔三十年

三十年前，陪一位好友去台北探望他的老师。他的老师诗、书、画、拳、医无所不精。来到师宅，适逢老师正在与其门生示范太极拳马步功夫，只见六七位青年小伙子前推后引，竟然撼动不了老师足下半寸，当老师双肩一晃，这六七位青年东倒西歪，站也站不稳。正要聆听老师剖析其原理时，门外又进来一位朋友，带了两对外籍夫妇，他们已约好是来求画的。

入座品茗寒暄后，学生们取水研墨，在大画案上也已铺好一幅八尺宣纸。老师从容不迫地挽起袖口，手握巨椽，往水中一汲，调匀水分后再往砚池浓墨一蘸，即往大宣纸上点按，徐徐缓缓，若行若游，曲折移动约五六尺光景而后提笔，好一笔干湿浓淡苍劲的松干跃然显现，在场同学们一阵哗然。一位外籍男士问说："这是什么意义？"老师听懂他不擅表达的辞意，笑着说："这一笔要三十年工夫。"老外惊讶问："怎样看？"师说："看懂得十年。"

学问之道，确实不是言语或文字可以概述的，也不是一时可以领会的，它不具资格，也没文凭，端在于时时刻刻见闻的累积，在学习中思维，在思维中学习，养成应有的胸襟与气度，自然能有"万物静观皆自得"的感通了。

昔日的情景，犹历历在目，老师三十年工夫修炼出来的那一笔，今日印证，一点也不夸张啊。

先进篇
xian jin pian

論語畫解

季路問事鬼神子曰未能
事人焉能事鬼敢問死曰
未知生焉知死 先進章
癸酉十月汀逸寫於滬寧齋

304

季路问事鬼神

原文

季路问事鬼神。子曰:"未能事人,焉能事鬼?"曰:"敢问死。"曰:"未知生,焉知死?"

——《先进》

意译

"鬼神"及"死"都是虚幻难知的事,但越是虚幻,人们越是想要知其究竟。子路以此向孔子请教,孔子只是告诉他:人要实事求是。对现实人生的为人做事尚难得圆满,何必为虚幻不实的鬼神去耗费心神呢?至于死,那是身后的事,生前的事还难得处理妥善,死后的事,又怎能预知呢?还是先从现实的人生中去求其圆满充实吧!

礼在于敬

父亲晚年,得知他启蒙老师的儿子王季斌老先生也在台湾,讯知家住台南,迫不及待地携我同去探望。季老是太老师的独生子,长父亲几岁,父亲启蒙时始读《千字文》,曾由季老带领。季老从商,早年即来台湾从事五金商店之工作。

"他乡遇故知",乃人生一大喜事。两老会晤,父亲行跪拜大礼,执礼甚恭,待之如父兄。季老见父亲体弱,焦心关怀,一片敦厚古意,表露无遗。每逢重大节日或寿诞,父亲总是亲自炖些季老喜欢吃的东西,迢迢拎到台南孝敬。我问父亲:"季老与您分属同辈,为何如此礼敬?"父亲说:"一日从师,终身为父,虽无师生之名,也当谦恭礼敬,况有爱屋及乌之情,人绝不可以忘本啊。"

近尝于电视综艺节目中,看到一些演员模仿乃师或前辈音声动作,惟肖惟妙。此雅趣本是无可厚非,但间有加以丑化消遣,以取悦观众者,则颇不以为然。天下没有嫉妒学生成就的老师,更没有不期盼弟子贤于师者,为学生者不管日后多么飞黄腾达,总不能忘记老师提携施惠的情分。礼不可乱,乱了不但有损自己的品格,并且带给世道人心负面效果,不可不加以三思。

子曰：由之瑟奚为于丘之门？门人不敬子路。子曰：由也升堂矣，未入于室也。先进章

逸之绘图

先进篇·由之瑟

由之瑟

原文

子曰:"由之瑟奚为于丘之门?"门人不敬子路。子曰:"由也升堂矣,未入于室也。"

——《先进》

意译

孔子说:"乐主和。"意思是说,乐的演奏者要心所平和,才能演奏出和谐温婉的音乐。而这样的音乐,才能疏导人心,使趋于和婉宁静。而孔子的弟子子路,生性好勇,言行略嫌粗率,所以弹起瑟来,可能缺乏"和"的神韵,以致孔子听了才有此感叹,其他弟子也就因此对这位大师兄不太尊敬了。其实子路的弹瑟,工夫还是很好的,只是性灵的表现尚未达高明的境界罢了。

取法乎上

初谒吕老师佛庭夫子，是一九五五年春，由同学的父亲河南宿儒陈泮岭峻峰先生带领引介。吕老师以严肃的仪表摄住我的心猿，使我感到十分局促不安。

老师第一句话直截了当问我："学画目的何在，为赚钱？抑是兴趣？"我随即禀告说："不为钱，不为兴趣，只想光耀门第。"老师与峻老微笑颔首。

之后，我从老师学画，老师从不给我画稿，要我自己设法寻觅，并规定当代前辈不准学，明清作品也加限制，只允向两宋、五代以前用功。当时流通有关的画册又少，很难满足我对人物画的热衷，面对这山穷水尽的情况，我曾感到非常困扰。

直到北沟故宫博物院开放，终于有临摹古画的机会。唐《韩干牧马图》一连临摹了十几遍，大到全开纸，小到原画尺寸，奠定了我画鞍马的法则；宋朝李龙眠的罗汉、佛像画，更是我人物画的楷模；五代人《宫乐图》让我从中窥视到唐代的画风。

老师的用心，要我取法乎上，促使我脱胎换骨。自然领悟出若干道理："取法乎上，得其圜中"，若取法乎下，必流于鄙俗。后来，老师奉调"教育部"任职，临别告诫殷殷，并赠一联："学画当如吴道子，做人莫让颜真卿。"至今犹是我的座右铭。

颜渊篇

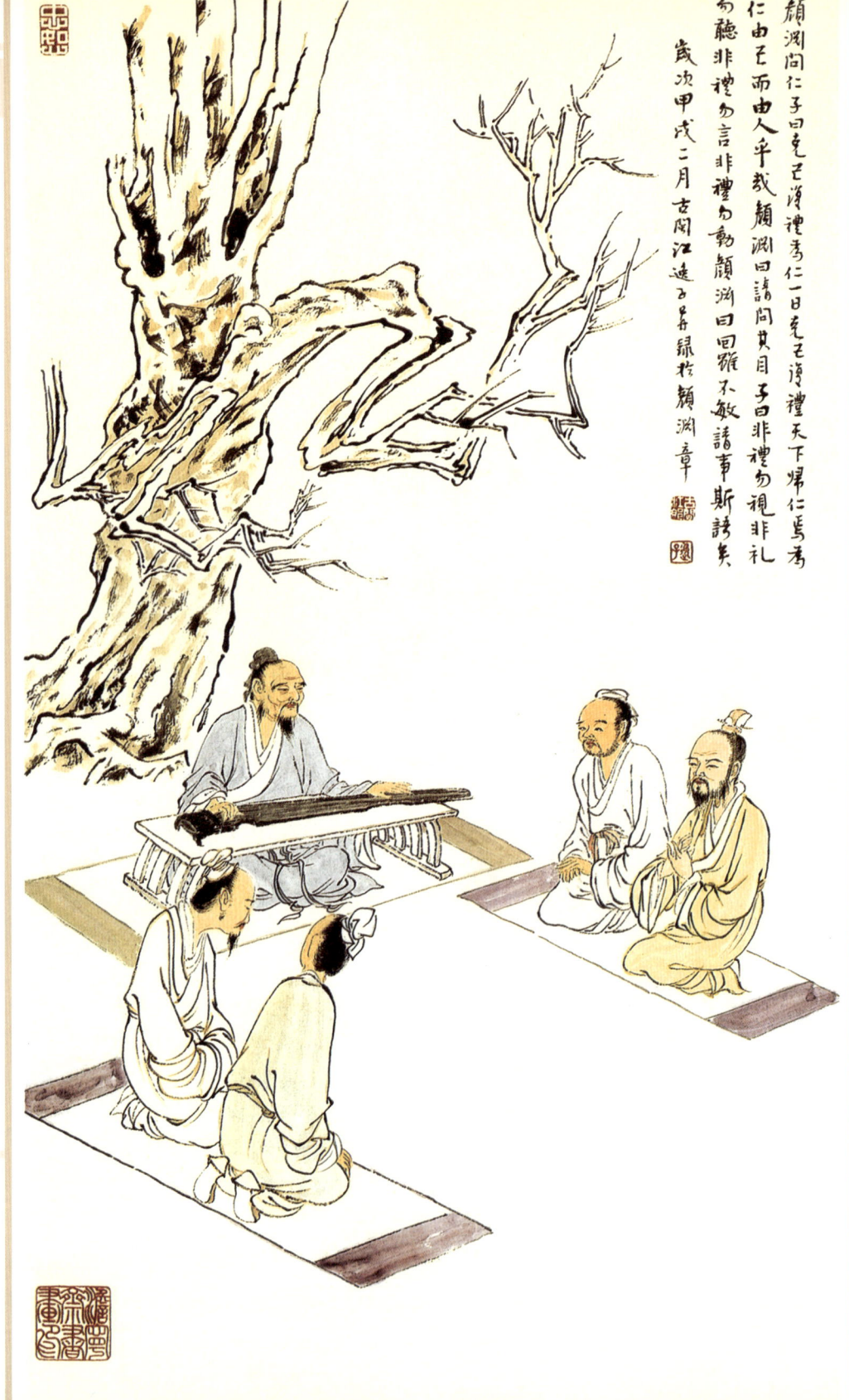

颜渊问仁

原文

颜渊问仁。子曰:"克己复礼为仁。一日克己复礼,天下归仁焉。为仁由己,而由人乎哉?"

颜渊曰:"请问其目。"子曰:"非礼勿视,非礼勿听,非礼勿言,非礼勿动。"

颜渊曰:"回虽不敏,请事斯语矣。"

——《颜渊》

意译

颜渊对孔子的道理了解得最深入,实行得也最积极。他对孔子一再宣讲的仁道,希望能做得更彻底,请求老师再作指示。孔子就告诉他,克己复礼为仁。意思是说:人的视听言动,不要任由自己的冲动,而要加以理性的约束,使符合于礼的要求,这样自会获得别人的尊重,而称你为仁德的人了。

安心

有人要我为他画幅《达摩安心图》,内容描绘慧可和尚求法于达摩祖师的一段感人禅宗公案。

根据记载说,慧可少年时博览群书,精研玄理,深觉不能了悟生命究竟的道理,于是在香山寺出家,又在永穆寺受戒,并参访名山,遍读大小乘佛学,经过八年潜修,仍然了无所悟,最后到嵩山少林寺向达摩祖师求法。起初达摩不予理会,这时正值隆冬季节,慧可为表示诚意,立在雪地里,雪漫过膝不肯离开,可是达摩犹不为所动。最后,慧可自断手臂以示求道决心与虔诚,终于获得祖师接纳。祖师问:"所求何法?"慧可说:"我心未宁,乞师与安。"祖师说:"将心来,与汝安。"慧可说:"觅心不可得。"祖师说:"我与汝安心竟。"

从以上这段故事中,可见"明师难觅道难闻",所以有"佛法无人说,虽智不能解"的话。书是智慧的能量,不能不读,道是生命的光芒,不能不通,不通则成障碍。慧可"立雪断臂"的过程,已经迈进"道"的境界了,在明师观照下,只以三言两语令其大悟,了得一切究竟,绝非偶然的。

假使一生标榜自己的聪明才智,强调无师自通,不肯吸取正确的经验,盲修瞎练,或依样画葫芦式的做法,不但成就有限,更可能误害了自己,也是极不科学的想法,更是极危险的作为。

因此,师道的尊严,及求学的诚心态度,与人一生的成就有绝对的关系。为人父母者,为人子女者,不能不加以省思。

齊景公問政於孔子
孔子對曰君君臣臣父
子公曰善哉信如君
不君臣不臣父不父子
不子雖有粟吾得而
食諸 顏淵章
江逸子識

颜渊篇·齐景公问政

齐景公问政

原文

　　齐景公问政于孔子。孔子对曰："君君，臣臣，父父，子子。"公曰："善哉！信如君不君，臣不臣，父不父，子不子，虽有粟，吾得而食诸？"

——《颜渊》

意译

　　政治就是要使大家各自严守各自的本分，善尽各自的职责。齐国当时的政治情况，大概就是君不君、臣不臣、父不父、子不子，所以孔子才答复齐景公："做国君的要善尽为君的职分，为臣的要善尽为臣的职分，为父的要善尽为父的职分，为子的要善尽为子的职分。这样上下相安，各尽其责，政治自然就安定了。"这番话正说中了齐国政治的病因所在，所以令齐景公非常感动。

屠羊说的故事

伍子胥为报杀父兄之仇,帮吴王阖闾发兵攻楚,楚昭王大败,逃亡邻国。当时市井有位名叫屠羊说(音悦)的羊肉贩子,也随着昭王逃难,并且一路上照顾昭王生活。后来,楚昭王复国,念念不忘这位患难的朋友,于是派人去问屠羊说想当什么官,屠羊说回话说:"大王失去国家,我也失去屠羊的工作,如今大王光复了国土,我也恢复了工作,工作就是我的爵位,既然恢复了,又何劳赏赐呢?"

楚昭王再下命令一定要他接受,可是屠羊说更直接地说:"大王失去国土不是我的过错,我没理由向他请罪杀我;现在大王光复国土,也不是我的功劳,我也没理由接受行赏。"

俗语道,会说的不如会听的。昭王听了这席话,深觉这屠羊者不是普通人,于是慎重地派大臣召他来见面,没想到屠羊说不但辞不应召,更对大臣说:"依我楚国立法体制,必须对国家有大功劳,并且有地位的人才能面见国王,今我屠羊说在文没有治国大道,论武又不能冲锋杀敌,当时吴军攻陷首都,我同样也是怕死而逃亡,根本谈不上效忠追随大王,如今大王若要召见我,岂不要让天下人讥笑我国违背政体,践踏法制吗?"

楚昭王听了大臣转述的这番话,对这位屠羊的小贩益加敬重,最后就向一位官居司马名叫子綦的人说:"这位屠羊说虽只是个卑贱的小贩,但他深明大义,崇尚气节,令人敬佩,我想请他出任国家三公极位。"可是屠羊说跟司马子綦说:"我知道三公地位比我屠羊的高贵不知多少倍,所享的万钟俸禄也不是我这小贩一辈子可以想象的。但是,我岂可贪图这些尊荣与富贵,使我们国君落得滥行奖赏的恶名!这种行为我不能做,请你让我安心做我的工作吧。"还是不肯接受。

这是出自《庄子·让王篇》的一则故事，它的意义是讲一个人要有品味及操守，不能只求目标，忘却根本，也不能只顾推销自己或要求报酬，而忘了自己的品味、操守与能力，深值得现代人省思。

颜渊篇·樊迟问仁

樊迟问仁。子曰：爱人。问知。子曰：知人。樊迟未达。子曰：举直错诸枉，能使枉者直。樊迟退，见子夏曰：乡也吾见于夫子而问知，子曰举直错诸枉能使枉者直，何谓也？子夏曰：富哉言乎！舜有天下，选于众，举皋陶，不仁者远矣。汤有天下，选于众，举伊尹，不仁者远矣。

癸冒岁末读颜渊章因感写此并录于渖宁斋古闽江逸子

樊迟问仁

原文

　　樊迟问仁。子曰："爱人。"问知。子曰："知人。"
　　樊迟未达。子曰："举直错诸枉，能使枉者直。"
　　樊迟退，见子夏曰："乡也吾见于夫子而问知，子曰，'举直错诸枉，能使枉者直'，何谓也？"
　　子夏曰："富哉言乎！舜有天下，选于众，举皋陶，不仁者远矣。汤有天下，选于众，举伊尹，不仁者远矣。"

——《颜渊》

意译

　　孔子对人生的主张，就是"行仁"，而具体的行为就是"爱人"。对于"知"（智）的表现，就是要能辨别人的好坏。其具体方法，就是选用正直的人，放弃邪恶不正的人，这样可使那些邪恶不正的人改变为正直的人。渐渐地，正直的人都能出人头地，善政就能推行，万民就能受惠，这也就是"仁政"的实行了。

举反之间

在故宫学画时，对南宋夏珪的《溪山清远图》特别喜爱。明快活泼而水墨淋漓的笔调，含夹着磅礴气势，简淡潇洒的布局，令我为之倾心，因而引起我学习山水的动机。

揣摹马远、夏珪"斧劈皴"笔法，看来简单，画起来就不是那么回事，偶尔试着画一两块山石，持去请教老师，反被责难以"笔板墨滞，不足以观"打回来。懊恼万分但心犹不服。经两年多的用功，在笔法上似略能顺心应手，但气韵依然缺乏。再持请教，复受责难说："南宋以后，这种笔法不再流传，虽明有戴进、唐寅者流也使用此法，亦难窥其堂奥。近代溥心畲先生，对此颇有心得，但只限用笔工夫，雅逸有余而气势不足，我劝你别再枉费心思了。"当时十分矛盾，心想难道就此半途而废吗？

某日，于不自弃斋上课，聆听溯公论书法说："工欲善其事，必先利其器，写字选笔非常重要，大笔可以勉强写小字，小笔断难写大字。有工夫，柔软笔毫可以写出硬字，即如絮里包铁，外柔内刚，十分隽永耐读。但坚硬笔毫未必写出含蓄劲挺的字，写不好就像枯树挂死蛇，难看之至。"听了这番理论，深深感悟艺术之道不离刚柔并济之妙用，马远、夏珪用笔施墨，不就是这番道理吗？重拾画笔，思想溯公论书法的道理，施于《溪山清远图》，已渐入佳境了。

君子以文会友

原文

曾子曰:"君子以文会友,以友辅仁。"

——《颜渊》

意译

人在社会生活,不能没有朋友,而朋友有好有坏。交上了坏朋友,就容易同流合污,最后不能自拔;交到了好朋友,就能帮助自己进德修业,日新又新。小人交朋友,只求用声色货利满足对方的喜好;君子交朋友,研究学术文章,交接志同道合的朋友,互相讲习观摩,以辅助增进仁德的修养。

谈朋友

朋友，为五伦之一。五伦，君臣、父子、夫妇、兄弟、朋友是也。朋友一伦，是我国自古以来实施的社会学，也是我民族文化的特质。中国社会里的朋友，有着其履行的守则，彼此间讲求"信义"，并发挥出"仁爱"精神，是全世界文化所没有的。因此，中国社会伦理历久不衰有其道理。一个以信义为基础的社会，人与人之间就减少了隔阂，继而增进了"四海之内皆兄弟"的深厚情谊。

朋友不但要互相信任，还有互相荐举规谏的义务。彼此间能做到互解、互谅，提升到知己的层次上，是件相当难能可贵的事。

春秋时代，管仲和鲍叔牙，就是典型的楷模。当管仲在贫困的时候，鲍叔牙照顾他的一切。在一起经商，管仲获利较多，叔牙从不计较。叔牙要助齐桓公完成霸业时，推荐管仲为相，但齐桓公与管仲间有过嫌隙，叔牙设法为之劝解，终得齐桓公大度接纳，因而成其霸业。因此管仲晚年尝说"生我者父母，知我者鲍叔"。鲍叔牙一生照顾管仲，而管仲在临终时，齐桓公问他："鲍叔牙可否继任宰相？"他却断然认为不可。在常情说来，管仲是要不得的朋友。可是管仲对叔牙的为人了解太深了。鲍叔牙太清纯，品德完美。须知宰相之材，要有藏污纳垢的本事，若让叔牙执政，不但坏了齐桓公霸业，而且害了鲍叔牙。当然鲍叔牙也有自知之明，因而后人称"管鲍之交"为知己也。

交朋友，能与品德高尚、学识渊博者来往，能达到志趣相投、目标一致，是件美事。跟这种人做朋友，有互相切磋和激励的作用，可以修正自己行为的缺失、观念的偏颇，能过着更踏实美好的人生。

子路篇

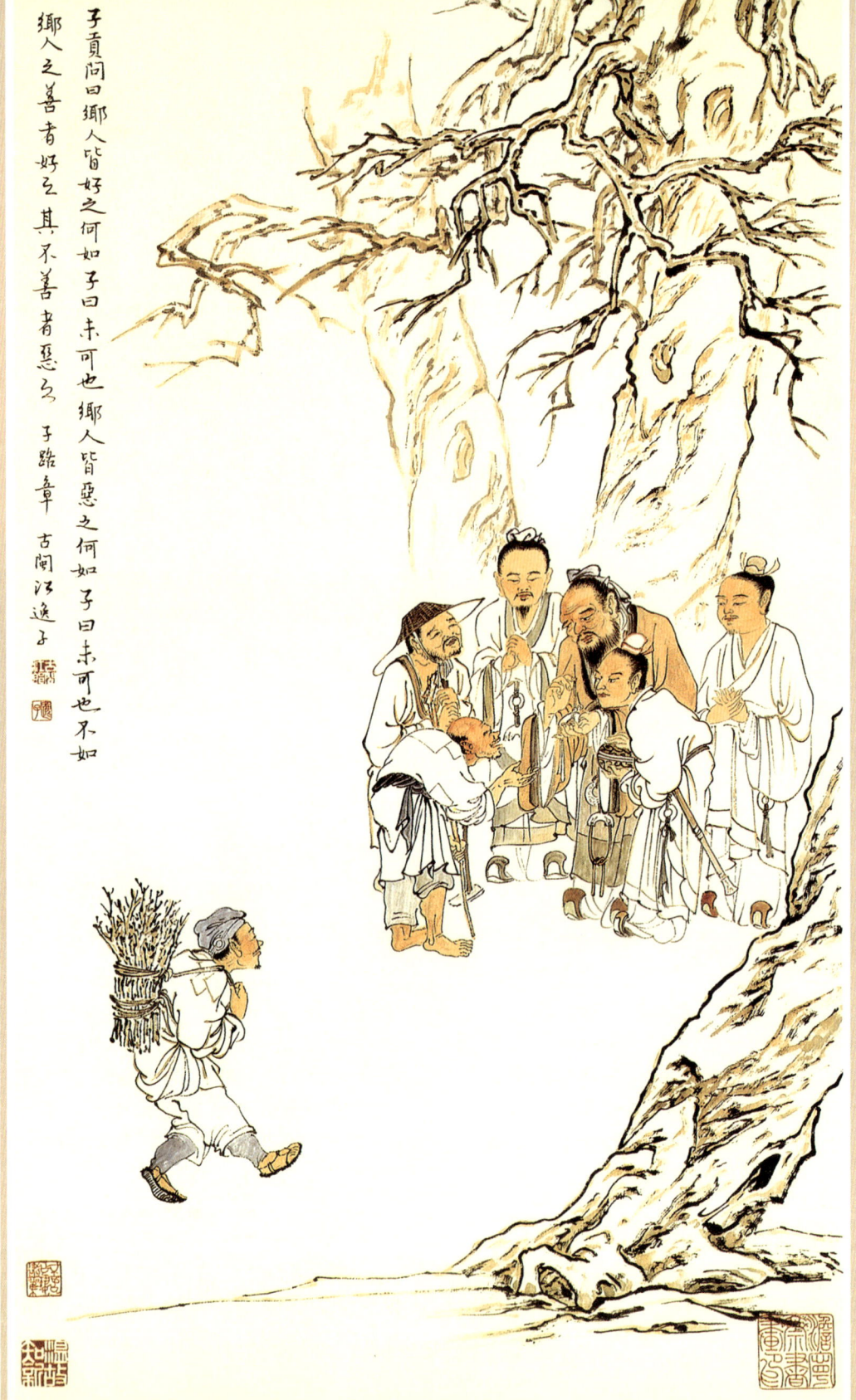

論語畫解

子貢問曰鄉人皆好之何如子曰未可也鄉人皆惡之何如子曰未可也不如鄉人之善者好之其不善者惡之 子路章 古閩汀逸子

乡人皆好

原文

　　子贡问曰："乡人皆好之，何如？"子曰："未可也。"

　　"乡人皆恶之，何如？"子曰："未可也；不如乡人之善者好之，其不善者恶之。"

——《子路》

意译

　　现在的民主时代，一般地方官员及民意代表，大都由人民直接选举产生。那么究应选举什么样的人物才妥当呢？表面上看，能得到一乡人喜爱的人，应是理想的对象。但谁能担保他不是故意在做表面工夫、投机取巧，以换取乡人的喜爱呢？至于一乡人都厌恶的人，是不是就确定是坏人呢？这也不见得。可能是这种人拥有远大的眼光及卓越的识见，特立独行，而不易为社会大众所接受的缘故，因此不能就断定这人是坏人。所以最简单的准则，就应依照孔子所说的"在一乡中，好人都敬爱他，坏人都厌恶他"，这样的人大概就可以断定是好人了。

赞与叹

一九六五年至一九六八年间，正是我年轻气盛之时，作品在质在量，也都相当丰沛而可观。《田单复国图》是幅白描工笔长卷，被遴选致赠给来访的大韩民国大统领朴正熙氏，又接二连三获得书画比赛首奖，加上各种美展及地方公私办展览，几乎是势在必得、无往不利的局面。水月庵的奖状、奖杯狼藉杂陈，在画坛上领尽风骚，而水月庵里依然穷鬼相伴。

记得那是一九六八年深秋，我从台北领奖回来，雪公特别在莲社为我设席道贺，邀请来作陪的不是师长，就是恩师，在贺声盈盈中，颇有"十年寒窗，一旦成名"的矜持与骄傲。宴席散时，雪公附近我的耳边淡淡地说了一句话："不怕千人赞，就怕一人叹，你懂得这话的意思吗？"

老人家以慈祥期盼的眼神看着我，似乎穿透了我的心，令我身心凝滞，终宵辗转难眠，我反省自己：行为是否有所偏差？还是观念太庸俗了？做学问不是用来当艺卖的，即使成千上万的人来赞赏，得不到一个有识者的认同，又有何用。

床头的奖状，架上的奖杯、奖盘，任凭堆积如山，那只是一阵阵风云激情，过后依旧归复平静。一夜窗前的西风，撒着满地的落叶；五更的残月，略带着几分未圆。雪公的那句话，似乎已找到答案。

子路篇·诵诗三百

子曰诵诗三百授之以政不达使於四方不能专对虽多亦奚以为 子路嘉言

乙亥暮秋 江逸子甲画

诵诗三百

原文

子曰:"诵诗三百,授之以政,不达;使于四方,不能专对;虽多,亦奚以为?"

——《子路》

意译

孔子说:"人诵读了《诗经》三百篇,让他去处理政事,而不能通达无碍;委任他做外交代表出使外国,又不能独自应对。这样虽然诗读得很多,又有什么用呢?"

敦煌传奇

自我游于艺以来，行将四十载了。自少时，即与人物佛像有着不解之缘，举凡历代公私珍藏名迹画册，无不设法搜索而来供以研读临摹，甚少疏漏。尤其对敦煌、云岗、龙门、麦积、柄灵及大足诸窟造像，或壁画，或雕塑，其风格之迥异，无不耳濡目染，心仪有加。

岂奈碍于海峡两岸之分隔，一切知识局促一隅，唯借他人记叙、摄影或名家传摹，从中管窥揣拟，终未得全貌而深以为憾。

一九八八年顷，两岸适度开放，遂于一九九一年暮春之际，即毅然作敦煌游。初抵敦煌研究院，承该院长段文杰先生格外礼遇，允将盛唐"特窟"数窟供我观摩，我亦奉上拙作画辑恭请指教。

由于旅程仓促，五日时间于莫高窟中，仅能作行云走马般之浏览，但得此幸运，终留下无比深刻之印象。我将欲离开敦煌时，特赴研究院向段院长拜谢请辞，段先生则诚恳地说："这几天详细拜读大作，对先生的心路历程十分感佩，先生之从师，有数位曾是我少年求学时的师长，有此渊源，倍增亲切。尤其先生乃是虔诚佛教徒，数日于洞窟中，想必有许多心得感悟，希望您能给予指教或建议。"段院长的温文长者之风范、诚恳待人的态度，足见其学术丰富、涵养深厚。承其不耻下问，末学十分不安，唯以肃然之情陈述拙见："此次前来，乃怀着佛徒虔敬'朝圣'的心境，为印证往昔所见所闻，及修持的方向。然此时此境确实有着深深的感悟，恍惚间觉得昔日的知识，犹如水中月、壁上影。此时情景，正是中天月、壁前物，两者间形式虽同，而神采迥异。再者，古人凿壁造像，其种种庄严功德，无一不是出自供养者及艺术家至心显现、悲愿所成，虽于千古寂寂之边陲，依然寒光内蕴，演说着无言大悲。

"从艺术层面而言，艺术本是文化之花朵，开放着千姿万态的形色，其中反映着创作时的国势盛衰、人民风尚、文明品质的现象，透过艺者之心，予以正面的平铺直叙，或从反面蕴藉着讽讥，善意各呈风貌，淋漓尽致。在这些作品之时空变异流程中，处处烙印下沧桑轨迹，使我深深悟得艺术真正的使命，及其无为的真谛，却在于诸佛菩萨法像间，似乎引导着我坚持的情操与方向，可说此行最大的收获了。"

段院长频频点头微笑着说："不错，一月照千江，千江共一月。学问之道不也正是如此吗？储备了渊博的学识，再配合丰富的人生阅历，来善尽心力服务社会。创作艺术、美化生命，正是艺术家的职责所在呀！"

人生，就像走在无边的沙碛中，循着一抹夕阳，驼铃划破空寂，迈向远大的途程。

子路篇・善人为邦百年

善人为邦百年

原文

子曰:"'善人为邦百年,亦可以胜残去杀矣。'诚哉是言也!"

——《子路》

意译

孔子说:"古人曾云:'好人相继治理国政达百年之久,就可以感化残暴的人不做坏事;人民受善政的感化,就不会再犯重大的过恶,执政者也就不必用死刑来惩治了。'这句话实在不错啊!"

国际残障日

　　一九九八年十二月三日,这天是"国际残障日"。电视里播出经公益机构用心策划,而摄成的一幕幕烫伤或智障的孩子们令人鼻酸、触目惊心的画面。节目一再呼吁社会人士对此不幸事故的重视,期待人们伸出援手,关怀与接纳他们。诚然这是用心良苦、其情可感的崇高德意表现,但从受伤者心态上而言,依然深烙着忧悸、紧张与焦虑的阴影,且永远抹灭不去。对于这严重的人生憾事,应该如何防范使之不再重复发生,才是明智之举。

　　佛家有云:"菩萨畏因,众生畏果。"眼前的事实,件件都有前因,为使恶果不再发生,则只有在因地上下工夫了。浩瀚苦海,端赖回头是岸,故而除了"慈悲"之外还须要光明的"觉智",才可以把握自救救他的症结。

　　近世纪来,高度的科技文明,带动物质生活的浮靡,人们逐渐淡忘人性的根本,严重影响自然生活的定律。功利的心态,逼向现实而冷酷,产生出自私好逸的习惯,处处依赖近利方便,缺乏静心思维的探讨,更无未雨绸缪的警觉,在麻痹的社会形态中,让不幸事故一再发生,不免令人浩叹。

　　春节间,无意中欣赏到一个日本制电视节目,可能是为配合春节应景而播,内容是"烹饪大观",从取材、调配、料理过程、摆餐具到享用时的礼节,处处讲究,堪称上乘社教节目。尤其还举办小学生烹饪比赛。那一张张天真可爱的脸庞,在老师的辅导、家长的帮助下,一本正经地开火洗钵,挥动刀砧,从容不迫地煎、蒸、炒、炸,一副大人模样,有板有眼,如仪进行,真是令人佩服,又觉得十分汗颜。

　　反观目前我们周遭的子弟们,读到高中以上,偶以学会做蛋炒饭而沾沾自喜的大有人在。除了书本以外,举止应对均感不知所措，更遑言刀砧之事了。在父母过度护呵下，乃至连洗澡水都不会放，当然不知道开水该有多烫了。《三字经》云："养不教，父之过；教不严，师之惰。"当前社会对"教"、"严"二字普遍缺乏广义的诠释，局限在狭小的知识范畴内，何曾有突如其来的危险意识呢？烫伤或智障何来如此之多？无非是过分依赖物质文明生产的食物或药物，以及方便舒适的环境，而对大自然自闭自封所使然。

　　长期上菜馆，或借自助餐以果腹，毕竟不是治家之道，也使孩子与现实生活愈离愈远了，又怎能保证焦虑、忧悸不会发生在自己家人身上呢？

　　身体发肤受之父母，父母不但给子女完美的身躯，而且要教他们珍惜之道。要不令恶果发生，端在多所历练，与在心地的培植上下工夫了。政治的风潮，可以周期般扫过，安民、护民才是国泰民安最终的目的，能不远虑否？

宪问篇

骥不称其力

原文

子曰:"骥不称其力,称其德也。"

——《宪问》

意译

骥是对日行千里良马的美称。一般人选马,多重在它持续的耐力及速度,而忽略了马驯善的德性。孔子却恰恰与此相反,重视马的性情驯良,而不重视马的力气大小。此章的寓意,在告谕世人:选用人才要首重德性,才能大小还是次要的。至于对人的赞美,也是一样的道理。

骏骨

少年时，喜画马，常去台中后里军马场观察马的生态。偶有知识，即作笔记，或静态写生。

由于常往来，得识一位山西籍贺姓老排副，年约六十出头，为人耿直厚道，与我很投缘，他对马的知识非常丰富。我送他临自故宫李公麟《丽人行》一幅，他非常高兴，交往更是莫逆，经常留我住宿，并为我讲述有关马的习性与生活，从解剖、骨骼、筋肌机能原理，到生活环境乃至马种等等，不厌其烦，讲解甚详。

有次饭后，我问起千里马如何认定，贺老告诉我："千里马并不是赛马场上跑得快就是了，千里马在于它的德性、脚力、耐性等条件，这种良马并不难找，只是一般人没有觉察善用而被糟蹋掉了。"他说他老军长就有一匹名马，平时温温驯驯的，很少跋扈飞扬的样子，也不很合群，但它善解人意，只要轻拂它的颈项，牵起缰绳，它眼中就泛出青光。当你跨上鞍子，一抖缰勒，轻拨足蹬，它就一跃而起，昂首平视，挺胸飞扬，好像成了你身子的一部分，随心所欲，无不称意，四蹄轻盈，好似不曾着地的感觉。可惜它今已老迈，且又生病，终日伏枥在后山厩中，每天仍由他喂食。

听了这番介绍，我要求贺老领我前往瞻仰英姿，只见这马瘦骨嶙峋，鬃毛敛采。它见了我抬起头来，仰天高嘶一声，嘶声嘹亮而悲切，不由令我想起燕昭王千金买骏骨的故事，今处斯时斯地，不免无限感思。

宪问篇 · 莫我知也夫

論语画解

莫我知也夫

原文

　　子曰："莫我知也夫！"子贡曰："何为其莫知子也？"子曰："不怨天，不尤人，下学而上达。知我者其天乎！"

——《宪问》

意译

　　孔子到处宣读仁道，而不能为社会所用，因此他感叹地说，真的没有人了解我了！子贡听了就请问孔子，为什么这样讲呢？孔子就告诉他说："我虽不得用于社会，而不怨天；不为人所了解，也不怨人。我只是从浅近处研求人事，进而向上领悟天理。想必上天会知道我的。"孔子这番话，深深显示了他反省自修的工夫。

一盏宫灯的故事

每周三下午固定到不自弃斋上课,溯吾老师讲的是唐宋文选,余时或欣赏老师的书法,偶尔我也带一两幅画请教他。

某日上完课,品茗闲谈,老师突然说有事要我帮忙,说他有亲戚近在美国开家礼品店,要请老师代买国画,并且说我画他题,定是很完美的作品,希望我能成全此事。起初我建议送他十幅以为祝贺,老师坚持不肯,只好答应。之后老师又说每月要一幅,只须四开大,题材不拘,每幅美金十元,所得也可添置些好的颜料纸笔。当时虽然应允,但心里总觉得怪怪的。

老师六十华诞,我扎盏宫灯为他祝寿,设计、制图、买竹片、选色笺,前后耗了十来日,扎成一盏三层九重六角的大灯笼。顶层三缘画的是八仙献寿、六合同春的人物画,中层三缘画的是潇湘八景等山水,下层三缘画的花鸟松梅等,全长一丈余,悬挂在老师二楼宽敞的楼梯间,加上灯泡,清新淡雅,成为老师寿诞的焦点,抢尽风头。之后每年除夕到元宵才肯悬挂,平时收藏在日式壁橱内。

次年腊月重悬宫灯,竟无意碰破一角,我带了画具在二楼修补,为寻找同类的纸张,发现壁橱内有一捆纸十分眼熟,打开一瞧,竟是十来幅我按月画呈给老师的画,当场愣住了!物归原位,补妥宫灯,匆匆离去,越年借故恳辞,不再画了。

为善不为人知,世间有之,济贫以诚,只有我师溯公了。

子路问君子

原文

子路问君子。子曰:"修己以敬。"

曰:"如斯而已乎?"曰:"修己以安人。"

曰:"如斯而已乎?"曰:"修己以安百姓。修己以安百姓,尧舜其犹病诸?"

——《宪问》

意译

《论语》里所谓"君子",代表两种意义:一是道德修养有成就的人,一是在位为官的人。本章所谓的君子是指后者。子路请教孔子,要怎样做才能成为一个受人尊敬的在位君子呢?孔子告诉他说:"必须以恭敬而不失礼来作为修养自己的基本条件。"子路听了认为答案太简单了,所以又一层进一层地请教,孔子就逐次答复他:"以敬修己之后,扩大使属下都能各尽其才,各安其职,进而更能使天下百姓安居乐业。"不过孔子补充说道,这最后的目标就连尧王、舜王,也常忧虑会做不到哩!

无争不比

我自一九六八年以来，很少再涉及艺坛盛事，深居陋巷，改变人生方向，学诗、画画、学佛。许多道上朋友因此也疏于往来，我好像过着恬静自在的隐士生活。

吾友赵水椿君，数年前尝书"无争不比"四字为匾额赠我，可能意在激励，我以德薄能鲜，不敢接受而却之。赵君说："二十年不涉江湖，淡泊名利，潜修无为，自得无碍，以此四字为赠，实在当之无愧，受之有何不可？"我说："你的用心良苦，我很感激，但不能接受，世间凡事都有一体两面，你的所见是我的表面，却未深入了解我内心一面，二十年来不但未曾奉行过此四字真意，反比以往更趋积极，只因所争之目标，和所比的对象有所不同罢了。"赵君问："何以见得？"我说："与人争比，乃从事学习的人必有之过程。无争难以上进，不比焉能攻错。一旦过了此阶段，再与人争，再与人比，就不再为自励了，而是徒增是非烦恼。这种举动，若不自觉，小则丧志，大则失节，对一个尚志于学的人，都有不良的影响。因此必须要调整阵线，要争与古人争，要比跟贤者比；或者也可同自己比，比现在与过去，是进步，还是退步。纵要争就得争千秋，何必争那一瞬。这种心境，恰如'寒天饮冷水，滴滴在心头'。你的盛意，我甚愿当作诤言，但不敢领受。"

赵君与我，情深谊笃，结交于患难，彼此之间，于艺则互相激励，于道则可攻错，不幸其盛年早逝，是艺坛一大损失，个人也因此丧失了一位诤友。顷有客亦以"与世无争"讽我，偶忆往事，陈述于斯，并以为怀我良朋之悼念。

子曰：古之学者为己，今之学者为人。

宪问篇·古之学者为己

古之学者为己

原文

子曰:"古之学者为己,今之学者为人。"

——《宪问》

意译

孔子说:"从前的人求学问,是为了增进自己的知识德行,充实自己的人生;现在的人做学问,不务实际,只重虚名,以作为求取功名利禄的手段。"

谈脱俗

囊昔，雪公曾应某画家邀宴，奉陪者多为艺坛赫赫之辈。余以随侍师座左右，得忝末席。宾主中有某陪客，为一书法家，一派大师气势，晤面即口若悬河，占尽全场风头，大谈其卓越成就，并且上批钟王，下贬欧苏，俨然一代宗师，不可一世之气概；继而论其书风，颇受某元首之青睐，且广受社会人士欢迎，因而设帐遍及三台，每月束修，少则十余万，多辄数十万。喋喋不休，竟忘却今日应邀之身份礼节，令全场为之错愕，大家只是唯唯诺诺，却无人与之搭讪。好不容易待宴终席散，驱车于归途，雪公喟然感叹向余轻曰："游艺者切忌俗，俗则无药可救矣！"

嗟乎！"俗"诚乃道之害也。忆少时曾读一卷曰"画家气节"，自觉受惠良深。其中曾载"五不画"，印象弥新。曰："汩没天真者不可作画，外慕纷华者不可作画，驰逐声利者不可作画，迎合世俗者不可作画，志气堕丧者不可作画。"由此可见昔贤对气节人品何等之重视耶！心不淡泊，志不恢宏，终日埋于名利堆中，或攀权附势，阿谀奉承，虽赢得四海之名，犹然是具市井鄙徒俗骨也，无怪乎黄山谷曰"俗不可医"也。

人俗其言无味，其行搞怪，笔墨堆尘叠垢，满楮燥气，或故弄玄虚以利其招摇撞骗，图谋一时之快，纵受千秋唾骂亦所不计，如是之人，岂可与言道哉？

古人云："俗镜书磨。"琴书翰墨本是风雅逸事，其可贵在乎脱俗出尘。读书可以养洁，意在青山白云之间，心随古圣昔贤之志，自然神清意朗，书卷气沛然充盛，虽信手点染，气质内蕴，自不着尘埃矣。故如陶贞白所云："山中何所有，岭上多白云，只可自怡悦，不堪持赠君。"其胸襟之磊落皎洁，岂是一般鄙夫可以想象耶？

时代虽变,艺术之信念依然永恒。其生命超脱凡俗,虽生于斯时,处于斯境,皎洁之心,必能丰润其内蕴,岂流俗所能污损?终不改其志也。或问:"如是人生莫非枯寂否?"答:"一窗明月之华滋,半床琴书之丰硕,尚有青山白云共徜徉,昔圣今贤之为朋,何尝枯寂之有?"

宪问篇·阙党童子将命

阙党童子将命。或问之曰：益者与？子曰：吾见其居于位也，见其与先生并行也，非求益者也，欲速成者也。

阙党童子将命

原文

阙党童子将命。或问之曰:"益者与?"子曰:"吾见其居于位也,见其与先生并行也。非求益者也,欲速成者也。"

——《宪问》

意译

在孔子旧居地的阙里,有一个不满二十岁的童子,也是孔子的学生。孔子如有宾客来往,常使这童子传话。有人就请问孔子:"叫这童子往来传话,是否因为他学有进益呢?"孔子说:"我看他在屋中坐在成人的位子上,与长辈一起走路,并肩齐步,不知逊退,可见他不是要在学问上求进益,只是想快点成长的样子。所以使他在宾主间往来传话,就是要教他学习揖让的仪容,借以领会长幼尊卑间的礼貌。"

生命与际遇

少年时，尝听杨溯吾老师与彭素恭老师，谈起我的事说："逸子作品，少年老成，说幸运，则又不幸！其家境清寒，说不幸，而又幸运了。"二老说此，于当时处境，的确有着几分矛盾，而今想来，却感到有至深的意义。在这四十年的心路历程里，只觉得"时随境迁，心无二样"，并无幸与不幸的忧虑了。

早年有位前辈说，要做个画家，必须具备六要件：一是天赋，也就是要有天资才气；二是学问，知识与经验不可少；三是德行，有好的人品，方能反应出好的作品；四是恒毅，恒心与毅力；五是寿命，健康长寿，方臻"人书俱老"境界；六是际遇。具足上述六个条件，总不能潦倒终生吧？一般艺人认为前四则尚可自励，至于"寿命"与"际遇"乃属命运，则难以掌握了。

也许"际遇"对一个艺术家的现实观来说，必然有着应具的合理待遇，因此大多刻意在上面耗掉不少精力，但在提升艺术生命的"道"来说，则未必太过在意了。事实上，得、失、逢、违，没有两全其美的事，增了一分热闹，则损去一分恬逸，多了一分骇俗，少了一分灵趣，这都不是艺术家由衷所希望的。

例如，有次我拜访一位艺坛宿老，刚入座，交谈不到半小时，门房通报并递进三张求访的名片，此老无奈，乃佯装称病而婉拒。虽然他待我宽厚，此时也不免有着如坐针毡之感。于临辞时，此老喟然地打趣说："名利到头也无聊，这些无聊事全都'咎由自取'。我以毕生放荡，换来浪得虚名，如今想来，无非像动物园里较为稀有的动物罢了。您可曾知道，这些动物何尝因观众多而快活度日呢？"这位长者，确实了不起，他在艺术上的成就，不愧是实至名归，然而在艺术生命真谛上，又是如此豁达。发出此言，确有着"除却巫山，惯经沧海"的哲理了。换言之，我也曾见过有的艺术家，一生计较着"淡泊名利"，逢人便表态要"退隐山林"，但数十年来，依然一身红尘。二者之间，当然是不可同日而语了。

　　际遇与否，毋须计较太多，何妨泰然处之。不强求，不规避，随缘自适。生命中多一番挫折，增一番历练，多一番努力，增一番成就，绝对功不唐捐。正如我少年时，在同个时期里，看过不少"神童"，而今一个也不存在了。急进浮夸，名噪一时，未必是真正的成功。"大事业何须在爵位财富上求？则在于开创生命历史之中。"

　　因此深深相信，天才须用工夫来造就，灵感但由工作来启发。学问用于德行，就是开创生命与际遇的泉源。离心离德，急功近利，天下没白吃的午餐。幸与不幸，泰然处之，宁当杨、彭二老之悲心鼓励与期望罢了。

卫灵公篇
wei ling gong pian

子曰可与言而不与之言失人不可与言而与之言失言知者不失人亦不失言 衛靈公章

可与言

原文

子曰:"可与言而不与之言,失人;不可与言而与之言,失言。知者不失人,亦不失言。"

——《卫灵公》

意译

说话是表达自己的意见,便利与人沟通的主要方法。但是话人人会讲,效果却各有不同,原因在于是不是了解讲话的对象,及讲话是不是能把握适当的时机。上述两项因素,如把握得恰到好处,那么你讲的话,就会被人尊重与接受,否则就言多必失了。

新靴的故事

西洋有句谚语说："不知道自己无知的人，才是双料无知。"的确不错，要如何减轻这双料的无知呢？凡事需要冷静思考，避免冲动，谨言慎语，免得说出去的话收不回来。言语不当的后果，大则伤害人家，小则被人留作话柄，都是不道德的举动。

在唐末五代的后周时，有两位好朋友，一位名叫冯道，一位名叫和凝，都是很有学问的人，同在中书省（如今之"行政院"）工作，一天和凝看见冯道穿着一双新买的靴子，就急着问："多少钱买的？"冯道将左脚提起，看了看说："九百。"和凝听后神色沉重，回头问跟班的人："为什么我们却花一千八百呢？"语气态度显得十分严肃，于是就跟差人争执起来。过了一会儿，冯道又举起右脚说："这也是九百。"一时哄堂大笑。

可见讲话关系一个人的品味与修养，不可不慎了。

躬自厚

原文

子曰:"躬自厚而薄责于人,则远怨矣。"

——《卫灵公》

意译

孔子说:"责备自身的过失要严格,而责备他人的过失要宽大。人能这样,自然就可免受别人的怨恨了。"

反身以诚

二哥天资聪明，且能力强，十七岁就开起工厂，当起老板。虽然年轻，治理生意却颇有一套，尤其要求员工特别严格，其理由是：如此做老板的，才有余力来学习更多的技能。

二哥很孝顺，每天晚饭后，总将一天来的工作状况，向母亲禀告，往往挑喜悦的事情来安慰亲心。母亲总是"嗯嗯、啊啊"地来响应，很少给予意见，不过母亲对店务情况，则是一清二楚，从不含糊。

有天，两位员工突来向母亲辞职，说是工作不适应，母亲见二人都是十分勤奋而憨厚的乡下孩子，于是婉言劝导说："我虽然不问店务，但知道老板有许多缺失，你们若有更理想的工作环境，自然不便强留，因为人各有志。否则，不妨暂且留下，调适一下心态，仍可做下去的。我也要求老板调整彼此间的现况。"这两位员工，终于被留下来了。当晚，母亲提起此事，二哥起初颇不以为然，母则肃然地说："少年得志不牢固，莫忘'躬自厚，而薄责于人，则远怨矣'的道理，你可曾详加检讨吗？"此后，二哥恳请母亲来加以辅佐，并将紧绷的条例，逐一调整到劳资双方适度的弹性上，奠定了二哥日后商誉日隆的根基。

稍长读了《论语》，才知母亲当日所言出自《卫灵公篇》，每读此章，有着倍加亲切的感觉。"反躬自问"固然不难，但要做到"严以责己"的确不易。尤其今天民主时代，处处讲究自由，最容易产生情绪上的膨胀，轻蔑别人、自恃甚高的心态，严重伤害人性应有的尊严。形成对上不恭、待下不仁，同事间冷漠寡情，一切感情用事。见人有所短，就大肆渲染，或趁机予以打击，常存幸灾乐祸的心理。终日刀刃朝外，如此岂不太可怕了吗？

古谚云："水清无鱼，心静常泰。"在这混浊的世情中，本来就是真理薄弱的世界，论清明，谈何容易？一般人贡高我慢的心理，犹似春风野火，生生灭灭不断地延烧着。因此说："养身莫如修心，治国首重教育"。导民以善知识，无异是惠风，可以滋养民心；若授民以恶知识，何啻是把野火，自然民不聊生。这个道理人人会讲，却谁都不肯做，依然固执己见，不肯修己惠人，空唱高调，终致社会一片乌烟瘴气，怨声载道。

前些日子，有位"监委"过访舍下，偶谈起社会乱象，叹清官难为，我不揣简陋谏之："为官不难，应先捐弃成见，不生对立，不自孤立，勤举贤达，鄙弃奸邪，社会风气自然改善。"故严格用在自己，民则称庆，用以责民，则必生怨怼矣。

当年，二哥犯于主观自负之忌，母亲所求"以身作则"而已，"己所不欲，勿施于人"，自然上下一心，忧喜与共了。

卫灵公篇 · 君子不可小知

子曰君子不可小知而可大受人不可大受而可小知也 卫灵公句

江逸子

君子不可小知

原文

子曰:"君子不可小知而可大受也,小人不可大受而可小知也。"

——《卫灵公》

意译

孔子说:"一个道德修养有成就的君子,不能拿小事去评量他,而他的才德,却可以担当重大的责任;器量浅狭的小人,不能叫他承担大责重任,却可以取其所长,使他在小事上有所贡献。"

橄榄树下的思维

三十几个春秋匆匆流逝，偶过雾峰北沟故宫博物院原址，有着物换星移、风水交替的陌生。当初，它俨然像山中宰相，深隐于世外仙境之中，而今竟是一片繁华市嚣，车驰人杂，已嗅不出当时的宁静及幽邃了，伫立其间，似乎大有几分前朝旧梦，天上人间的茫然。

山坡处，那棵橄榄树还在，此时它却是我唯一的访旧者，虽然枝繁叶茂，却掩不住几分孤寂的落寞。想当年四周一片幽雅的园圃，如今蓬蒿之中，堆积着层层的废弃物，瘴烟迷蒙，不禁为之鼻酸。移踵攀蹑，努力趋近树荫，记忆中的茅亭已毁，几张水泥桌椅犹在，但却散置于废墟之中。

老树、孤亭、幽花，曾经伴我度过启蒙学习的时期，每日晌午，必手握馒头在孤亭中细细啃嚼，一边回想着馆中展出的"习题"——《宋人折槛图》。此画绘的是朱云坚毅不阿的神情，手抚朱槛，昂首瞻视，所示现的不外乎一个"礼"字，一股浩然正气，直逼千古，表露无遗。以及李龙眠所绘的《丽人行》——传说此画临自唐代张萱的作品，内容描述杨贵妃曲江春宴一段情节，雍容盛装的杨氏姊妹，跨上锦鞍玉鞯的名马，缓缓驰骋入宫。观者似乎被带进了时光隧道，可由此窥察大唐盛世风雅韵事的一斑。同时也体悟出中国人物画背负着另一重的功能及格调。

突然间，想起正在橱柜中展出极具盛名的"翠玉白菜"，及那块惟妙惟肖的"猪肉石"，当时慕老副院长打趣地问我："两件玉石，您喜欢哪件？"我则毫无考虑地告诉他："此时我最喜欢的是那块肥冬冬的五花肉，正巧可以佐我午餐。"还惹起慕老的一阵大笑……

山风瑟瑟吹过大树，接着几声好熟稔的滴滴答答的声音，树上正掉下几颗泛黄的橄榄。这是三十年前常有的事,以青橄榄佐餐,其中苦、涩、甘、香自在心头,也正是当年的写照。俯身拾取几个,摩挲盘弄,别有一番滋味涌上心头。

今日外双溪的故宫,巍峨而宏伟,门禁森严,有着神圣不可亲近之感。昏暗灯光投射下的"翠玉白菜",和那"猪肉石",神采依旧,但却令人心生物是人非之感,也似乎与我拉远了距离。此时慕老若再问我心中感想,我或许会告诉他:"此时我的心境,较为倾向那清淡而高雅的'翠玉白菜'。"这也许是我心路的向背吧!

卫灵公篇 · 众恶之必察焉

子曰罪恶之必察焉罪好之必察焉

衛靈公嘉言 古闽江逸子

无垢轩

众恶之必察焉

原文

子曰:"众恶之,必察焉;众好之,必察焉。"

——《卫灵公》

意译

孔子说:"大家都憎恶这个人,一定要仔细考察,大家憎恶他的道理是什么。大家都喜爱这个人,也一定要仔细考察,大家喜爱他的道理是什么。"

这章告诉了我们辨别好人、坏人的方法。懂得了这个方法,就不会被人蒙骗,随声附和了。

无垢轩

前清末年,山东济南通往北京主要干道上,有个古镇。路旁人家,多系经营古董、字画及家具等杂项商店,经过几代传承,有的店铺已颇具规模,有的仍在应运而生,无形中此地成了古物交易市集。往来旅客每喜在此停下车马,小歇浏览一番,一则可以品赏古意盎然的文物,再者投缘的话,也可选购一二,作为馈赠的礼品,或留为纪念,既能舒解旅途劳顿,亦可增添心情上的滋润。

在这些古物中,由于往来车马频繁,风沙滚滚,难有几家商品不蒙上一层厚厚的尘垢。从中寻宝,除了要具备慧眼外,还得有几分奇遇的乐趣。

于东街口有间小店,名曰"无垢轩",却是一尘不染,几净窗明,整齐不紊,只是很少顾客上门,平日难得交易一二件,勉供维持。某日,有位客人上门,惊醒伏案小憩的店东,急忙起立奉茶递烟来招呼。这位客人,相貌清癯,年约花甲,谈吐儒雅,操着一口京片子,客气地说:"打扰了,贵宝号名副其实,如许清幽雅致,在下路过随意瞧瞧而已,甭客气。"店东赶忙打恭地说:"好说!好说!小本生意,没啥货色可供达官垂顾,但请您老见笑指教了。"客人边品茶,边寒暄,可是一双锐眼不停地向店中陈设打转。架上陈列无非元明瓷器,或一些近仿鼎彝之属的铜器,并无特色。倒是入门处有对立鹤烛台,高约三尺许,气象轩然,颇不俗气。这位客人驻足于前,端详许久,店东主动问道:"这对铜鹤,您老以为如何?"客人"嗯"了一声,仍然继续左顾右盼专注凝视着。

敏感的店东,觉察出有鱼窥饵的喜悦,又问:"您老看出它应属啥年代?会否是宣德器?"客人被这一问,突然惊醒过来,说:"在下对古董认知十分肤浅,从这铜鹤风格看来,应出自江南无锡巧匠铸造,论其年代似属本朝早期之物,不知拙见如何?请见笑了。""好眼力,确是本朝旧物,无锡名匠所造。此物多年前由一宦场失意者来向在下求售。虽谈不上年代高远,但陈设店口充充场面,倒也恰如其分,因此始终舍不得廉售。"客人听出店家以退为进的言外之意,经过双方折冲一番,店家终以五百大洋割爱。五百大洋虽是天价,而买卖双方各如所愿,堪称皆大欢喜。

这位客人姓刘,为京师名珠宝商,当下开出银票,验收无讹后说:"由于在下须往别处办事,唯恐带不动这对沉重的铜鹤,只要取下此鹤之两对'眼珠子'即可。"于是取出自备的锥器,小心翼翼而手法熟练地将四粒黄豆大的眼珠取走。当时店东为之木然,心中暗自叫苦,知道栽了个不轻的筋斗,奈何只好连颂带谢送这顾客离去。

两月后,北京传来消息,荣禄大学士呈献老佛爷一顶凤华冠,上镶有避尘珠四粒,来自济南郊外一古董店。消息传开,无垢轩早已群商云集,众说纷纭:"一粒宝珠连城价,况且四粒呢?"有的赞叹买主学富眼尖,有的责难卖方阴沟翻船。此时无垢轩主人心胸不管如何豁达,也难背负这无比的窝囊。说也奇怪,无垢轩从此不再似往日的一尘不染了。

一日黄昏过后,无垢轩将打烊。突来一位带着几分醉意的中年客人,嚷着说要买那对"有眼无珠"的铜鹤,店东听了十分刺耳,生气地说:"怕你买不起!""那你就开个价吧!"店东暗中思量:如此废物,数月来饱受奚落与讥讽,何不高价将它卖了,省却往后的干扰。于是横下心来,开价三百大洋,不意醉客一言不发，丢下行囊，当下清点三百大洋交付，将铜鹤拎去了。此时店东，又是一阵茫然不知所措。

事隔半月，自天津传来某古董商于无垢轩购得一对乌金鹤，价值万金。闻此，又有许多人奔往古镇寻宝，但无垢轩已不知去向矣。

季氏篇
ji shi pian

論語画解

孔子曰見善如不及
見不善如探湯吾見
其人矣吾聞其語矣
隱居以求其志行義
以達其道吾聞其語
矣未見其人也
甲戌歲朝 季氏章
古閘江逸子

见善如不及

原文

孔子曰:"见善如不及,见不善如探汤。吾见其人矣,吾闻其语矣。隐居以求其志,行义以达其道。吾闻其语矣,未见其人也。"

——《季氏》

意译

人的守身行善,有两种境界:一是见到善人善事,自己就想要起而效法,而又恐怕自己不能做得那么好;见到不善的人和事,就唯恐沾染到自己身上。这种人的目的,只在求独善其身,社会上不难找到这样的人。而另一种人,不汲汲追求名利,环境不合自己的志趣甘愿隐居避世,以顺从平生的志愿。如果有机会能为社会贡献,就本着义理去行事,以达成他行道的理想。这种人抱有成己成物、兼善天下的伟大抱负,而在现实社会中就难得遇到了,所以孔子也为此而感叹。

行善

多年前,有位长者被地方当局提报为好人好事代表,并将予以表扬。这位长者得知此事,十分震惊,认为此举万万不可,对他是件羞耻的事,想尽办法,设宴请求当局将他除名,坚持不肯受。

当时我不以为然,心想此公行仪品德高洁无瑕,理当接受而无愧,况且当选表扬对社会人心颇有正面影响,并无不妥,何来之羞耻呢?令人费解,深感此公未免腐迂了。

事隔多时,偶与我师谈及,并请指教,老师说:"好人行善事,本来就是自然而正常的事,行善也不困难,如果加以渲染,大做文章,反而成了不正常、不合理的事了。这种表扬,对一个好人来说,岂不成为有目的的行善,对他的人格留下污点,造成伤害。"

一语道破多日的阴霾。奖赏对一个力争上游的人固是种鼓励,对一个真诚积善的人而言却成为累赘。提倡善道,贵在于心灵,而不在形式,假使逐年定时定量来表扬,可能会有"劣币驱逐良币"的反效果,如此一来,行善距离诚心,会越走越远了。

行善本是人人应有的爱心,不是被动的,更不是表扬出来的。

阳货篇

論語画解

道听而涂说

原文

子曰:"道听而涂说,德之弃也。"

——《阳货》

意译

一般人最喜欢在道路中听了一些传言,马上就在路途中逢人宣讲,以显示自己的消息灵通。而对所传述的言语,是否真确合理,却从不经过大脑的考量,只是当了别人的传声筒,这样对自己毫无益处,对有关的人更可能造成伤害,岂不有损自己的道德?

蜂窝事件

　　邻居老蔡家正门的屋檐下，有个小马蜂窝，经常有蜂出入。有人劝他摘除，蔡家老妈妈迷信说这是"好地理"，会带来财丁兴旺，不肯除。不久蜂窝一分一寸层层重重，不觉竟有五六寸直径了。某日老蔡大孙儿一早上学，刚开门不小心右肩遭蜂螫了一下，哇哇大哭，不一会儿红肿得像块出炉的面包似的，蔡家上下紧张兮兮急忙送医。这时老蔡面有忧色，有意请邻居帮忙铲除，却没人胆敢冒险。

　　过了数月，蔡家屋檐下，直像一个橄榄球挂在那儿，一阵阵的大马蜂，进出更见频繁，少说也有一旅"兵力"。蔡家再也没人敢走正门，过往行人也不敢在此逗留，一条巷子已成"紧急战区"。老蔡终于找我商量解除办法，我建议电请"一一九"救难中心，请专家摘除。后来颇费周章，才恢复平静。

　　噫！世间很多事情，都是存一时之私，酿成难以收拾的后果，当初轻而易举的事，却造成了今日虎大伤人的局面，不但使人不安，最后收拾局面更令人惨不忍睹，杀生又伤德，这不是一个有仁心的人所愿看到的事。蜂窝事件，只是一个小小的例子而已。

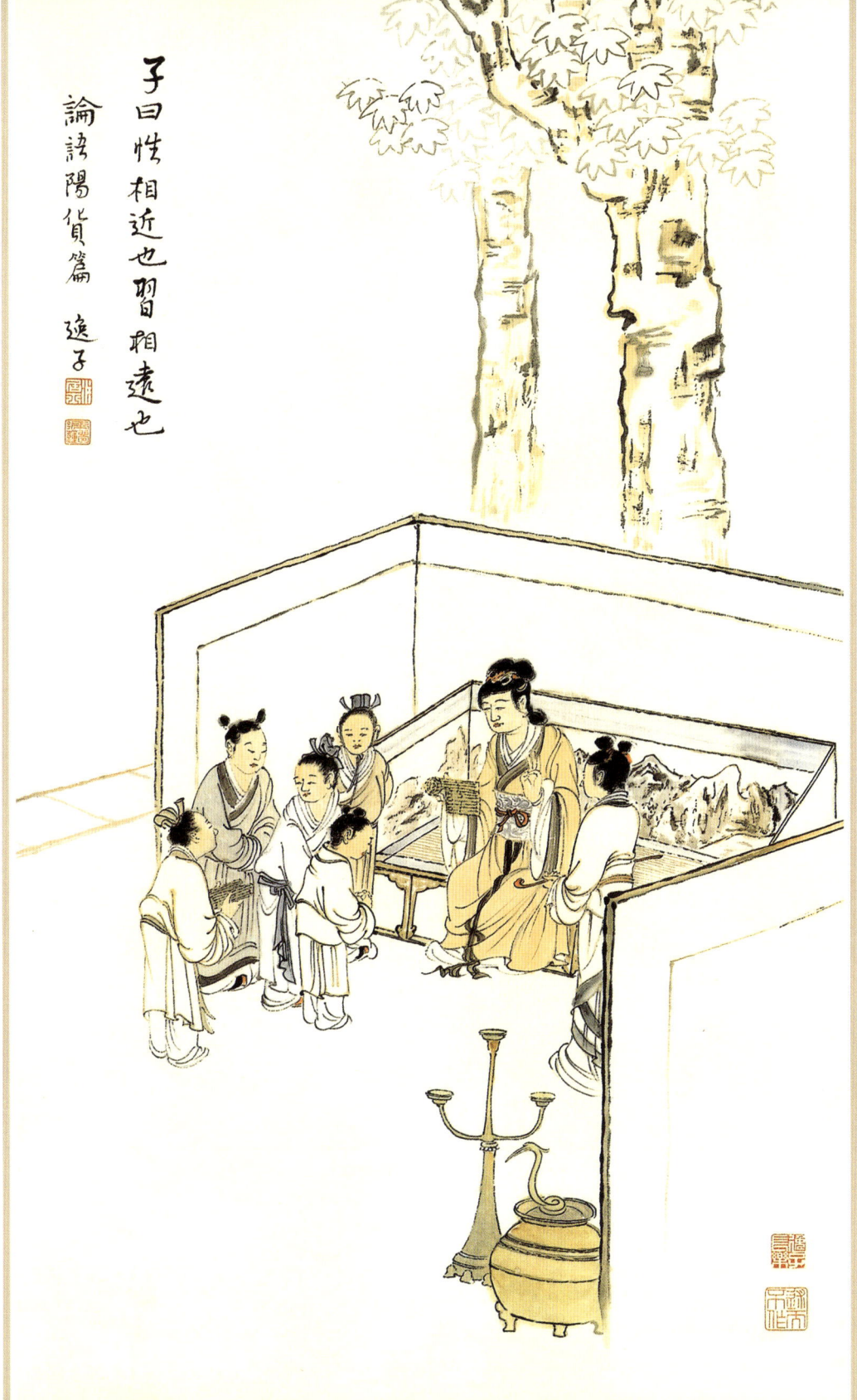

子曰性相近也習相遠也
論語陽貨篇 逸子

阳货篇・性相近也

性相近也

原文

子曰:"性相近也,习相远也。"

——《阳货》

意译

孔子说:"人天生的本性气质,原是相差不多的。而到后来因为所交的朋友有善恶,所处的环境有好坏,渐渐习以为常,所表现的思想行为,或好或坏,就越差越远了。"

谈习惯

小时候，母亲尝以"起三早，赚一日"，来期勉子女珍惜时光、勤奋努力，并养成早睡早起的观念。因此数十年来，我已养成了这个习惯。稍长，或有同学每喜入夜后来访，只须壁钟指向十点，我就觉得双眼困乏，若再熬上些时，则两眼通红布满血丝，而感疲惫不堪了。起初有人疑为这是病态，经老师告诉他们说："宿夜不造访，乃合乎于礼。"之后就很少同学夜访超过九点钟了。所以我在适学期，绝少熬夜，更谈不上通宵"开夜车"了。

清晨四点多起床，迎接晨曦初升，精神倍觉朗爽。漱洗既毕，焚香礼佛，稍事静坐，便开始读书或作画，神清气定，数十年来已成日常定课。因此许多作品，皆在此间涵蕴完成。这段时间，通常不理杂务，定为"私时"。

俗云："早睡早起身体好。"有其妙理在，自古国人日出而作，日没而息，无不尚契自然，配德天地的观念，一切事物，都以人性天心作出发点，配合阴阳动静之妙趣，来实践行健自强的道理。

现代人的生活，随着高度资讯化步骤而起舞，讲求时间即是金钱，忽略了生命的意义。急功近利的心理，牵引着物化的形骸，一日当二日用，却不知已失去了生命的品质与价值。尤其是今日的青少年，困扰于升学压力，借助药物及营养的补给，通常在昏昏、沉沉、醒醒、寐寐中不分昼夜地埋头苦读，为的是那张文凭，及已设定好了的"框框目标"。长期在攻此城失彼土的情况下，这与科举时代的"十年寒窗"又有何异呢？时代不管如何改变，人性的尊严与生命的价值观，是不容曲解的，否则，人生太悲惨了。

我有位老友，他拥有美国某大学博士学位，回国后工作总是

阳货篇・性相近也

不得意，若非资方难以接纳，就是劳方不屑屈从。原因却是作息不能配合。他夜间精神百倍，白天却起不来。一屋子堆满了奇情怪论的外文书，一抬起杠来喋喋不休，令人难以招架。他家境尚称富裕，可是婚姻却不幸福，事业也不顺利，因而感到活得很不快乐。

　　正常的习惯，为学养的基础，读书学艺才能利生益世。养成了正当的习惯，才能有恢宏的气度、祥和善良的性情。否则就像现代一些恣意纵情者，禁不起环境诱惑，染习愈来愈多，心地愈来愈复杂，远离了人性应有的善良纯洁。如是，纵然再多的学问、再大的本事，终将不是一件好事，实在不可不慎！

子曰予欲無言子貢曰子如不言則小子何述焉子曰天何言哉四時行焉百物生焉天何言哉

陽貨嘉言 江逸子

阳货篇・予欲无言

予欲无言

原文

子曰:"予欲无言。"子贡曰:"子如不言,则小子何述焉?"子曰:"天何言哉?四时行焉,百物生焉,天何言哉?"

——《阳货》

意译

孔子说:"我今后不想再多讲话了。"子贡听了说:"老师如不讲,我们做学生的将何所遵循呢?"孔子说:"天又何曾说话呢?春夏秋冬永远循序运行,天地万物生生不息,天何尝说过什么呢?"

如是一时

　　春雨绵绵的星期天下午，突有贵客光临。来者并非一般之高冠云盖，而是一位远居南投深山的老禅师，随行有数名徒众。此"不速之客"，承其垂青枉顾，岂敢怠慢。安座供茶既毕，师父们即表明由于欲往他处参访，而路过此地，顺道澹宁斋随缘普照，并无其他挂碍。闻此倍感无上欣幸。

　　寒暄间，禅师说道："尝闻长者丹青妙笔，安心圣道，所绘佛菩萨法像，清净庄严，感化无类。学僧久居荒野，茅茨简陋，空无一物，无凡无圣可安于心，今日得以结缘，拟请施舍学僧一幅大作，令山间云水，沾些道气，不情之请，随意随缘，应无挂碍。"恭聆开示之余，在其言行之中，感其祥光谦和，深含机锋，令我浅修粗学者，心中不禁怦然悸动。于是礼敬愈加，肃然恭禀："师父垂爱，弟子何幸得以供养？唯恐俗尘习垢，玷污道场。得蒙师父不弃，自当遵命，但请赐以命题，以便构思，择期恭绘。"禅师说："不敢奢求，随缘随遇，但请当下即兴绘幅长者心中之观音即可。"

　　平时不解禅，此时不知如何淡然。突然仿佛灵光一现，随即临案铺纸，提笔匀墨，略作静穆调息，然后恭礼而缓缓下笔，瞬间谱出了一笔，匀劲中蕴含着顿、挫、抑、扬，墨色间带着干、湿、浓、淡的长线条，然后搁笔说："心中的观音画成了。"过了许久，禅师划破空寂说："好境界，佩服！佩服！老衲满意，就此请走了。"

　　生命不也似线条吗？有长有短，蕴藏着无数的变异与组合。有圆润明朗的畅快感，也有沉闷苦涩的挫折感；有丰沛旺盛时的矜持，也有韬光养晦时的隽永。或顺或逆，留置在任何一个时空间，终因无常变异而导致烦恼。线条，不过是由点延伸而成的，抑、扬、顿、挫亦无非情绪过程之演化。唯有真谛与生命，它是不属于任何一个人，或任何一个时代的，它的成就，也是无始无终的延续。

春风化雨，犹如满天曼陀罗花，供养着同悲大地，澹宁斋亦复如是，同在此过程中延续。正像那一笔不具形相的供养，无着亦无碍。禅师毕竟是禅师，不曾留下名迹，但留下一抹无相随缘的幻影。适逢《论语画解》第二辑杀青之际，获此机缘，相信此书的示现，亦将是一线光与热的交集和延续吧。

大学篇

湯之盤銘曰苟日
新日日新又日新
康誥曰作新民
詩曰周雖舊邦
其命維新是故君
子無所不用其極
癸酉十月寓大學
釋新民
古閩江逸子

苟日新

原文

汤之盘铭曰:"苟日新,日日新,又日新。"康诰曰:"作新民。"诗曰:"周虽旧邦,其命维新。"

——《大学》

意译

《大学》里引据上列古经的嘉言,意在勉励人在智能德性的修养,精神、体魄的锻炼各方面都要去掉旧时坏的习染,日新又新,配合时代的需求,以确保自我的发展,进而推己及人,使大家都能自我更新,有恒努力,以追求达到至善的境界。

法器

先师雪公生西，至圣先师奉祀官孔达公以"道倡伦常道，心为菩提心"赞叹而追悼之。虽仅此十字，说尽了雪公一生道学与志业，非深交知己者，难以表露出这般诚挚深厚的情感。

忆雪公辞世的前一年，在细雨霏霏的清明节，老人家照例上莲社主持祭祖。车到大门前，雪公向我招手，要我搀扶他登楼行礼。乏力的双腿沉重而蹒跚，他感喟叹息地说："人老了就不中用，也该要死了。"从来不说丧气话的雪公，此时竟吐出如此感伤之语，听了不免令人心痛，我只好安慰着说："老师！您应该要多休息，过些时就会好转过来的。"老人笑了笑说："傻孩子不开窍，哪有老年人一天比一天好的呢？我现在的身体就像破掉的法器，只是将它修修补补来使用，能敲醒几个人，就算几个人，还能指望什么呢？"又说："孩子！只要你好好继续干，总会有人护持你的。我啊！顶多再陪你一年。"显明的影像，清晰的嘱咐，无时不显映在脑际。

西风萧飒，院中的寒树没剩下几片黄叶了，沙哑的引磬声，隐约在秋风中飘扬。昏灯孤独，深锁着迟钝的情怀，一笔一划的耕耘，偶尔对着案首的黄花微笑，填补着起伏的情绪。闲人或问："这样做，值不值得？"君不见，卑贱的沙土，可以用来填补大地的不平。摇晃的几案上，陈设着鼎彝玉瓷，此时勿须等待著名工巧匠，来替换几案的四足，应赶快到屋外的废弃物中，先找块破瓦片来垫足。稳住了平衡，保住了文物，其大功德，却赖此小小的瓦片来撑持。人生于世，若只在于追求自己的权欲与幸福，虽然拥有一切，不去启发有用的生命，无非是在等待生命的结束。

潺潺的流水声，隐隐的钟磬声，流不掉暖暖的心境。冬天是在迎接春的来临，这不是预言，而是自然，生命又何尝不是呢？

中庸篇

論語畫解

子曰天下國家可均也爵祿可辭也白刃可蹈也中庸不可能也　中庸句

歲在癸酉十二月　古陶江逸子

天下国家可均也

原文

子曰:"天下国家可均也,爵禄可辞也,白刃可蹈也,中庸不可能也。"

——《中庸》

意译

中庸的解释,所谓不偏之谓中,不易之谓庸。中者天下之正道,庸者天下之定理。一个人生活在社会之中,面对一切的人、事、物,如果都能坚持正道,把握定理,既不过头,又无不足,一切恰到好处,合乎中道,这实在是不容易的。因为要能这样,必须有赖于个人的高度修养。诸如学问、道德、心胸、气度、谦虚、礼让、器识、定见等,都要有深厚的造诣,才能实践此中庸之道。孔子所谓"中庸不可能",意在指明此中庸二字,表面看来简单,而实际不容易做得圆满。因此而鼓励人要虚心反省,努力实践。

至于天下国家的事,一般人都认为千头万绪,不易治理。其实只要有条理,有方法,都可能治理妥善。爵位、俸禄虽可贵,且是一般人所希求得到的,如果自己认为享此尊贵及利益,而有违于道义,仍是可以拒绝不要的。雪亮的刀锋剑刃虽然可怕,但只要自认为义之所在,也可以自动踏上去而不趋避。

此章在指正一般人对事理的认知:看似难的只要有决心,肯努力,也就变得容易了;看似易的,如果轻忽大意,不知深入追求,也就难以实现了。

缺陷美

某次上课，示范完一幅画，有学生赞叹说："画得太好了！"我说："太好就不妙了。"全堂同学为之愕然，问是何缘故。

"完美是人们追求的目标，缺陷是学习应有的空间。"不知缺陷就难以体悟出生命的美妙、人生的艺术。譬如说，花未开，鸟夜啼，对一个不用心的人也许是煞风景，甚至讨厌的事，但对一个有心的人，却有很丰富的思想空间与感情世界，或可借以省思而得妙悟。

中国人的人生艺术，讲究"过与不及"都是不美的，美在于"适可而止"上，适可就是平衡作用，平衡在你、我、他之间的情理感通上，能以和谐接受之下，互不损伤、互不排斥的境界中。适可要先明白自己缺陷的症结，才能有适度的修养，因而说："懂得自己缺陷的人，就是最伟大的科学家。"科学也是从许多缺陷中研究而来的经验。

因此画画应追求物、情的平衡，过与不及都是不理想的，避免专从两极端上去着力，而束缚了自己的思想与形式。应从平衡上寻求无限空间及无穷生命，再把艺术理念运用到生活空间上，不也是挺美的、挺健康的吗？

圯下授书图

江逸子 绘

跋文

丹青解论语　长夜有孤灯
——江逸子《论语画解》读后

很多人看到世乱日亟，一如江河日下，难免忧心如焚，以为维系二千多年伦常、秩序的儒家思想文化，已是面临全盘瓦解、全面崩盘的时候。

世乱固是事实，人心惶惑、不得安顿也是事实，但是一种维系世道人心长达二千多年的文化，绝不可能如此轻易就瓦解冰消。二千多年足以形成华盖弥天的文化大树，其盘根错柢早已深植在民族的土壤中，牢不可拔。其间纵有枯枝败叶，吾人宁可视之为一种"文化的代谢现象"，终将会有新枝嫩叶萌生出来。因此对于一切脱轨、脱序的乱象，或可以忧劳，但不必绝望。因为这只是一时乌云的蔽盖，我们坚信阴霾的乌云背后有朗朗太阳在，终将普照十方，还给大地光明。

我们对固有文化的信心，不只是因为此一文化已传衍数千年之久，早已成为我们思想的共识。不只是其间有许多圣明贤德的人，足资典范。也不只是自来有许多志士仁人，在"希圣希贤"的道路上，走过颠沛，走过困顿，却依然执意前行。更重要的信心来自"人性良善"的肯定。我们坚信人性的良善，不但使人有"希圣希贤"的期许，更使人有"成圣成贤"的可能。颜渊说过："舜何人也，予何人也，有为者亦若是。"中华文化中人格完成的可能性，就是植基在此"有为者亦若是"的理念上。因此，当今之世纵然乱象环生，但乱象背后仍有良善的人性，而此良善的人性终将幡然憬悟，使一切错乱、一切乖谬复归于平正安和的境域。

尽管人性原本良善，但良善的人性如烬中星火，不撩拨不出。因此，人性的良善有待启导诱引，培护扩充，才能转化为实践德性的力量，否则良善的人性也可能昏昏沉睡，一睡百年而耽误一生。因此，推行教化以启发人性的良善，是我们应该念兹在兹，时刻不能或忘的大事。

《论语·宪问篇》有一段子路和晨门对话的记载：

子路宿于石门。

晨门曰："奚自？"

子路曰："自孔氏。"

（晨门）曰："是知其不可而为之者欤？"

从以上晨门的语意推想，孔子一生"诲人不倦，乐以忘忧，不知老之将至"的志业，正是为此"推行教化、启导人性"的大事，纵然是世乱日亟，势不可为，他还是要勉力为之。

两年前水墨画家江逸子《论语画解》刊行问世，江君在辑中说："此时此境，于狂飙洪峰之长夜，一盏寒灯虽起不了多大作用，但深信'德不孤，必有邻'，怀着疾风劲草韧志，把持着几分民族尊严而已，依恃着这盏不息的孤灯，坚持下去，相信终有传灯者来呼应。"这一段，字字披露了江逸子图写《论语画解》的用意所在——无非就是秉持孔子"知其不可而为之"的精神，期能"推行教化，启导人性"而已。古人云："天不生仲尼，万古长如夜。"盛赞孔子好比是一盏烛照世间昏暗、人心愚黯的无量光灯。江君自况为长夜寒灯，一盏寒灯光度纵有不足，但若有无量寒灯广为呼应，岂不也能蔚为灯海，足以烛照大千！

跋文

  《论语画解》摘录《论语》章句几十则，分别就其经义所在，绘成图画，每图并撰写与经义相应的文字千言左右。这几十幅图画都是以人物故事来表达经义，其中有的用叙述法，如"君子无所争"章，上端写比试箭技，下端写"下而饮"的情景。有的用比喻法，如"吾十有五而志于学"章，写老丈传授小童生涯规划之道。老丈手持小松苗，身后有老松盘旋蜷曲，飞动如龙。小松比喻年幼应立志向学，而身姿优美的老松却比喻人格的完成。也有的用引申法，如"孟懿子问孝"章写一士子跪在萱草前，凝神谛视，表示对母亲的孺慕追思。

  把心中情思转化为图式丹青，就学养有素的画家而言应非难事。以江逸子数十年从事绘画所累积的深厚功力，益之以专擅人物画，再加上过去经常绘制佛教经变图，以及为佛教刊物描绘插画，江逸子早已历练出一身长技，因此，将《论语》章句转化为图，使章句的精义丝丝入扣地表露在图画上，对江君而言，自然是游刃有余的事。以图解经，这是《论语画解》和一般《论语》丛书迥不相同的地方，也是《论语画解》的价值所在。因此，读者披览此辑，应该在图画中搜寻作者的用心，在图画中回溯章句的义理。至于谨严有度的章法布局、栩栩如生的人物表情、素净淡雅的敷色情味，以及简洁流宕的笔线律动，一向都是江逸子绘画的特色，读者于此用心推敲，在赏心悦目之余，或者也能蓦然发现"艺与道通"的地方。

  文艺的功用，一是言志，一是载道。绘画的功用也不外于此。然而晚近时潮崇尚个人主义、民主自由，因此在思想方面也日益纷华而多元，各种新潮的画论因此广为流布。对于出意唯恐不新的画论,倒不一定要视之为洪水猛兽,而可以以平常心对待。新的画论如能符合人情自然可长可久。不能符合人情,自然倏忽而生,倏忽而灭,不攻自破。至于以"载道"为绘画功能,却也不必见异思迁,随时潮而翩然起舞。因为艺术是很精致的心灵活动,而"崇人伦、敦教化"应是人类心灵活动中极为重要的一部分。从这个角度来看,江逸子所绘《论语画解》,就是属于"崇人伦、敦教化"的载道艺术。用艺术来彰显大道,用艺术来指引人生方向,绝对是一件值得尊重和称许的事。

《论语画解》散文部分,江逸子并不以之解释经文,或以之阐明经义,大都是由《论语》章句引发出一段感想:如"诲汝知之乎"章,写的是有关唐三彩胡乐骆驼俑文物鉴定的问题,而归结到"懂多少、说多少"的言语尺度;如"归与!归与"章,写的是应聘东大艺术系任教的情形;如"君子无所争"章,写的是年轻时作品参赛被更改名次的往事。自来有关《论语》的训诂、义理之著述,真可谓汗牛充栋,江逸子舍此而不由,改以自己的生活阅历来印证章句义理,自然有其考虑的角度,也因为这些文章是江逸子生活的反刍和随想,读来更有亲近、平易的感觉。

就文字风格言,江逸子受古文诗词熏染较深,因此措辞典丽,文句雅洁,是一种有古文遗风的现代文体。就文章内容而言,江逸子虽然不是以写作名世的作家,但他是生活阅历极其丰富的人。他自幼在艰困的环境中奋进不懈,开创出今日饶有尊严的生命格局。他莳花植树,赏玩古董,生活得有情有味。他动则为儒,静则为禅,在儒释之间涵养性命。江逸子以此丰富的生命内涵发而为文,文章自然就

跋文

有相当的启发性和可读性。尤其难能可贵的是，江逸子有缘拜在吕佛庭、彭醇士、李炳南等高人门下修学受教，其中尤以雪庐老人对他"形同再造"的影响更为深远。江逸子屡屡在辑中提及他们师徒间不为外人所知的种种轶事，以及他所承教的金语嘉言，读来令人多所感发。另外几篇追念父母的文章，也写得情深意长，隽永有味。

人在少壮时，往往轻狂妄大，志比天高。年岁愈长，才愈发觉得再高明的人，生命的能量都有一定的局限。因此，人生实在不必以"伟大"自期，不必期望做大官，也未必一定要做大事，倒是要时时敦促自己适才适性，在自己拥有的生命领域中，尽情尽力演出，认真开发自己，使自己成为一个有用、有尊严的人。我与逸子大兄忝为知交，多年来眼看他不断奋勉向上，向孤峰顶上攀爬，深深为之动容。值此《论语画解》付梓之前，拜读称快，因掇数语，用抒心中所感，并致钦佩之忱。

许政雄
一九九六年暑于澎湖

编 后 语

　　守成固不易,创新为尤难。试观近世人心之不古,率皆由于放弃成规而不顾,而又不能创立适合于现实生活的典则,以致人们生活漫无标准,造成今日社会之动乱。回顾我国历来指导社会、扶正人心的成规,当首推孔子倡导的儒家学说。其内容有关于个人人格之修养、社会伦理之教训,以及孔子身教言教之具体事实,都是我们立身行事的典范。欲匡正社会风气,辅导人心趋向,昌明《论语》之教化,实为当务之急。

　　对于《论语》之教,自古非不重视,而以受教者限于少数知识分子,难得普及社会各阶层。而今日学校教授《论语》,多以传经的态度,未能使其生活化,学生学习也只是以为应付考试之素材,亦未曾践及履及,具体实践,以致成效不彰,也贬低了《论语》的教化功用。

　　同仁等有鉴及此,为求将此生活宝典——《论语》,作普遍化、生活化的推广,画者江逸子先生,凭其数十年的绘画造诣,发心欲将《论语》之篇章,用清新雅逸之图画,予以具体之诠释,故此命名为《论语画解》,希望读者能据图思文、据文思义,对《论语》各章节能有心领神会之参悟。此外并就其作画中联想所及,以散文小品,道出其生活经验及心路历程,以供读者于阅览之余,能与现实生活作适切之会通,或可于自我之修身立德,有所助益。

　　另在经文图面之外,就原文意旨,作浅近的译述。此不就字句作解释,只将章旨寓意作平易的阐释。希读者易于领悟,而有所兴发,是所厚望焉。

编后语

　　视此构想与作法，意在突出以往之窠臼，而能便于《论语》教化之推广，如前所云"创新为尤难"，自必有所不周之处，敬希贤达有以教正为感。

尤宗周谨识
一九九四年六月